住宅設計の
マテリアル

素材のもつ魅力を活かす
ファッショナブルな
ホーム・デザイン

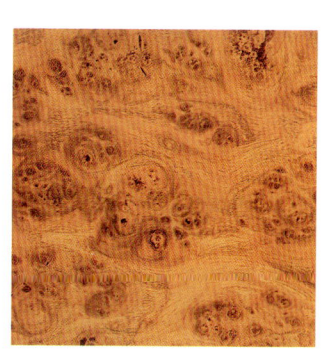

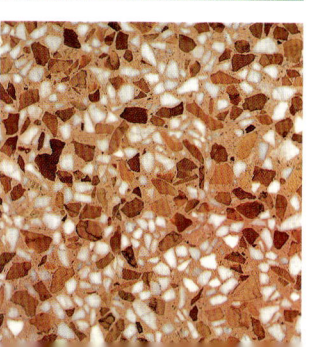

エリザベス・ウィルハイド 著

乙須敏紀 訳

Elizabeth Wilhide

materials
a directory

or home design

SUN CHOH

Editorial Director: Anne Furniss
Creative Director: Mary Evans
Designer: Paul Welti
Project Editor: Hilary Mandleberg
Production: Nancy Roberts
Picture Research: Nadine Bazar
Picture Assistant: Sarah Airey

First published in 2001 by
Quadrille Publishing Limited
Alhambra House
27–31 Charing Cross Road
London WC2H 0LS

Copyright © Text 2001 Elizabeth Wilhide
Copyright © Design and layout 2001
Quadrille Publishing Ltd

The rights of Elizabeth Wilhide to be identified as the author of this work have been asserted by her in accordance with the Copyright, Design and Patents Act 1988.

不許複製。本書の一部または全部を無断で、いかなる形式、手段であれ、電子的、機械的に複写、複製すること、ならびに、コンピュータ上の記憶、検索装置に取り込むことは著作権の侵害となります。

contents

素材の美と歴史 6

木 16

石 44

ガラス 70

金属 94

レンガ・タイル 116

コンクリート・プラスター 142

合成素材・革・リノリウム 164

索引 188

stockists 191

素材の美と歴史

　現代建築家による住宅設計は、素材の質をデザインの中心に据えています。室内装飾の伝統的様式は、素材の上にいかに仕上げを施すかということに重点を置いていましたが、現代の建築家たちは木・石・ガラス・金属等の個性豊かな素材にそれ自身の魅力を語らせようとしています。手触りの良いつや消し合板から半透明のパースペックスまで、また古典的な落ち着いた雰囲気の石灰岩から本磨きした光沢のあるコンクリートやサンドブラスト加工のガラスまで、現代ほどインテリアの素材が豊富に揃っている時代はありません。以前は工業用の原材料としてしか注目されなかった多くの素材が住宅の中にどんどん取り入れられ、個性的な役割を果たしています。

　素材の魅力を十分に発揮させたデザインは表面的ではない深い感動を呼び起こします。壁紙やペイントを使った表面的な変化とは異なり、素材の本質を活かして、被覆し、表情を演出し、各要素を対比させてつくり出される室内空間には根源的な高潔さが感じられます。そしてそのような空間はけっして流行の中で風化していくことはありません。ガラスと金属、木と石といった感性を揺さぶる組み合わせは、素材に内在する生命力と多様性によって共感的な背景を創り出し、人々とともに、時間とともに味わいを増していきます。床、壁からパーティション、調理作業台、ドア、その他のディテールに至るまで、あらゆる部分で素材は魅力を発揮します。素材のありのままの魅力を活かしたデザインは、室内空間に永く受け継がれていく不朽の美しさをもたらします。

素材の美しさとは？

　素材の特性は、いかなる場合も設計のプロセスの中におり込まれています。デザイナー、建築家、建築業者、施工業者などの人々が1つの素材を選び出す時、彼らの頭の中には、それがデザイン的にどのように見えるか、それを最も活かす方法は何か、そしてそれは飽きがこないか、ということがしっかりと入っています。同時に、彼らはその素材の物理的特性を熟知しており、それをどのように加工し、どこに用いればよいかということも良く計算しています。特に素材を手で加工し造作する人々の頭の中には、耐磨耗性、弾力性などのさまざまなデータが記録されています。素材の魅力を活かすデザインとは、いかなる素材を選択するかといった単純な問題ではなく、さまざまな方向から考えていかなければならない総合的問題なのです。

　様々な素材の物理的特性がデザインの中に組み込まれると、それぞれの素材の持つ感性が共鳴を生み出します。素材には固有の内在的価値があり、それが全体の枠組みと適用の中で抽出されます。すなわち素材には固有の意味があり、それらが共鳴し合いながら全体の構成に深みをもたらすのです。ほとんどの場合、素材の魅力が十分ひき出され人々に認識されるようになるまでには数百年という歳月がかかります。

　素材は一般的には、希少で高価、「贅沢」なものか、それともどこにでもあり、すぐ手に入るものであるかということによって区分されます。大量生産が始まり世界的な交易網ができる以前には、主にその地方で産出される素材、例えば近くの森林で伐採される木材や石切り場から切り出される石材などが建築に使われていましたが、その結果世界中いたるところに、地方独特の伝統的な建築様式が生み出されました。メキシコの日干しレンガの家、アメリカのニューイングランド地方独特の下見羽目板の家、テムズ渓谷のレンガと火打ち石の小さな家、フランス北部地方の石造りの農家など、数え上げればきりがありません。これらはいずれもその地方で産出された素材で造られた家です。私たちの先祖がこうした伝統的な家を受け継いできたのは、それが最も手頃で経済的であったからなのでしょうが、それは現代に生きる私たちにとってはもっと重要な意義を持っています。地方独特の素材を用いて造られた家は、まるでその大地から生まれてきた生物のように見えます。そのような家には他の方法では決してつくりだし得ない「定着性」、風景に溶け込む心地よさが感じられます。

　歴史が始まって以来、素材はその所有者の地位と権力を象徴するものでした。多くの王や大司教が珍しい異国の素材を用いて

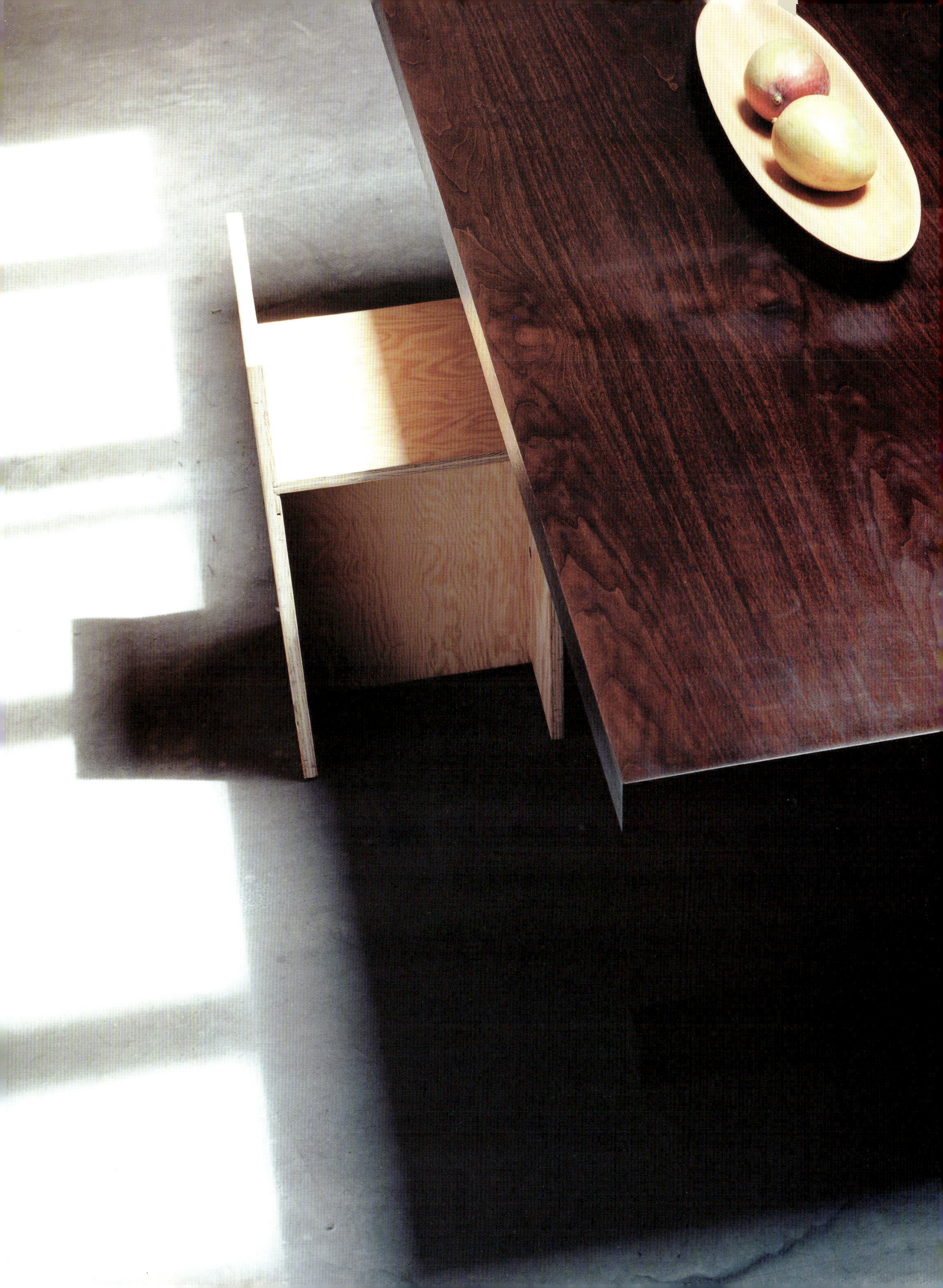

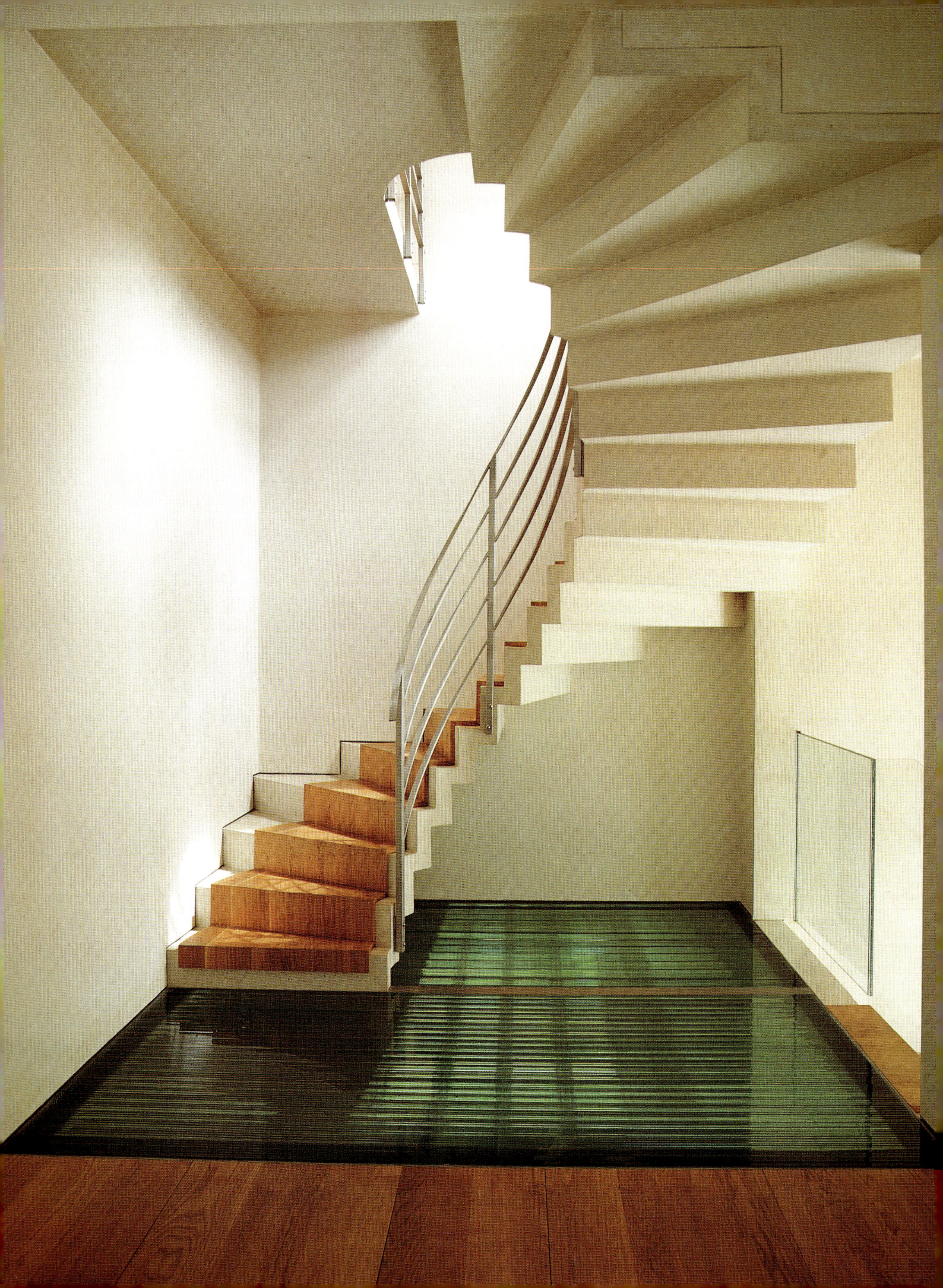

左　素材が自らの言葉で語っている時に装飾は必要ありません。コンクリートの構造に木の段板を組み込んだディテールの美しい階段がガラスのフロアーに降りてきました。

宮殿や寺院を建築し、富と権威を誇示しようとしたことがそれをよくあらわしています。またありふれた素材を用いても、非常に手の込んだ信じられないほど精巧な装飾を施すことによって富と権力を誇示することも行なわれました。例えばキリストの十字架像を立てた精緻な装飾の教会の木壁が、農家の荒削りの梁と同じ種類の材木から作られていたとしても、素材が伝えるものはまったく異なっています。イタリアから輸入された大理石は自国で切り出された砂岩よりも上位の価値と重要性を持つといった素材間の序列が生み出されることによって、室内装飾の歴史は複雑な歩みをたどることになりました。新たに台頭してきたジェントリー（郷紳）階級は、貴族ほど希少で高価な素材を用いる財力は持っていませんでしたが、彼らはそれに近いもので自分達の富を誇示したいと考えました。その結果、新しい技巧が数多く生み出されました。例えば木の炉縁にペイントを塗って大理石に見せる技法、軟材を研磨し着色して硬材に見せる技法などです。こうした技法は18世紀終わりごろまで流行し、希少で輸入しなければ手に入れることができないほとんどの素材に対して、べっ甲から斑岩にいたるまで、同じような彩色の技法を用いて模造品が作られました。

　19世紀に入り、産業革命によって新しい生産方法が発展し、これまでにない素材が作られるようになると、装飾用の模造品の世界は大きく広がっていきました。新興の中流階級の人々は、もちろんそれは皮相的なものでしかありませんでしたが、高価な素材に似せた模造品で部屋中を飾るようになりました。ディケンズは小説『われらが友』のなかで、化粧張り合板のことを辛辣にもビクトリア女王時代の派手なうわべだけの上品さを象徴するものと述べています。時が過ぎ大英帝国が絶頂期を迎える頃には、竹や籐といった植民地からのさまざまな素材がこれらの模造品と組み合わされるようになりました。

　こうした風潮に反対する動きがほどなく現れました。ウィリアム・モリスをはじめとするアーツ・アンド・クラフト運動のメンバーは、尊敬していたジョン・ラスキンの考え方にもとづき、「まがい物」による室内装飾と、19世紀最先端の工場から大量に産出される味気ない日用家具に対して攻撃の刃を向けました。それは道徳的な義憤ともいえるものでした。1851年にロンドン大博覧会が開催されイギリスの工業力が世界に誇示されましたが、青年であったウィリアム・モリスはそれに対して頑なまでに冷淡でした。「偽者が王様になっている」と彼は酷評し、会場であるクリスタル・パレスに足を踏み入れることさえ拒みました。それから10年ほど経った頃、ウィリアム・モリスと彼の同志たちは実際に作品を販売するようになりましたが、彼らは一貫して手工業的な方法に回帰することを提唱し、工業化によって滅ぼされかけている伝統的な職人の技術を甦らせようとしました。モリスが最初に建てた彼自身の家レッド・ハウスは、彼らのラジカルな思想が初めて建築物になってあらわれたものでした。

　モリスと彼の仲間たちの考えは素材の美しさに対する新たな関心を呼び起こしました。レッド・ハウスには手仕事で刺繍されたカーテンがふんだんに飾られ、ペイントされステンシルで模様を刷りだした家具が置かれていましたが、その家には過剰な装飾がまったくと言って良いほどありませんでした。この家の名前の由来となった主要な建築素材である明るい色のレンガから、剥き出しのままのオーク材の梁、レンガのアーチ、石灰塗料（ノロ）を塗っただけの白色の壁面まで、レッド・ハウスの素材はその美しさを強烈に主張していました。この家を訪問したある人物が述べているように、この家には「毅然とした単純さ」があり、デザインと装飾における「純朴さ」が体現されていました。それは素材の特性について議論する時、長い間忘れられていた価値基準でした。模造大理石、ベニヤ、合材、細部の過剰な装飾、これらは不正なものとして斥けられました。そして国内にあるものをできるかぎりありのままの形で使うということに高い価値がおかれました。「景観の美しさを大切にしようとするならば、輸入した素材を使わずにその土地で産出される自然素材を使うことが何よりも大切だ」と、モリスは1880年に書いています。

　アーツ・アンド・クラフト運動はイギリスを超え世界中に大きな影響を及ぼしました。ドイツ人ヘルマン・ムテージウスは『ダス・イングリッシェ・ハウス（イギリスの家）』という本を著し、アーツ・アンド・クラフト運動の建築とインテリア・デザインをヨーロッパに紹介しましたが、その本は新時代の幕開けを告げる書となりました。20世紀初頭にはヨゼフ・ホフマン、コロマン・

モーザーによって設立された「ウイーン工房」に代表されるラジカルなデザイン運動がヨーロッパ中を席巻しました。それらの運動はモリスを自分達の指導者と仰ぎ、アーツ・アンド・クラフト運動の思想と実践を各地で展開していきました。同じように、遠く離れたアメリカでもグスタフ・スティックリー等の家具製作者たちは、モリスをはじめレサビー、ヴォイジーらのアーツ・アンド・クラフト運動のデザイナーの作品に強く影響されました。オーク材を用いた力強いデザインを特徴とするスティックリーの「ミッション・スタイル家具」は、西部の開拓者魂に賛辞を送りながらアメリカのデザインの歴史のなかに、素材の美しさを大切にするという伝統を根づかせました。無垢の素材をありのままに活かすというこの運動の考え方は、19世紀末にはもはや人々にショックを与えるものではなくなり、素直に受け入れられ評価されるものとなりました。エドウィン・ラチェンズ卿がアーツ・アンド・クラフト運動の影響を受け、土着の素材を用いて建てた初期の家は、地方的な素材を絵画的に活用することによって高い評価を受けました。彼がイギリス、サリー州に建てたマンステッド・ウッドやオーチャードといった家々は、「土着的な素材のシンフォニー」と評されていますが、その地方独特の砂岩を「割ぐり（粗石）」にしたものを基礎的な資材にし、赤いタイルとオーク材で仕上げられています。マンステッド・ウッドはラチェンズ卿が偉大なガーデン・デザイナーであるガートルード・ジェキルの求めに応じて建てたものですが、その家の巨大な梁はわずか1マイル半しか離れていない森から切り出されたオーク材でつくられていました。ラチェンズ卿はアーツ・アンド・クラフト運動の「純朴な」素材を用いるという考え方に少なからず影響を受けていました。同時に彼は、こうした素材を使うことによって永遠の存在感を表現することができる、ということも深く理解していました。ラチェンズ卿の家は、建てたばかりの時でもけっして新築には見えませんでした。彼が建てた家には「根づいている」という雰囲気があり、それこそ依頼者が望んでいたものでした。

　素材をありのままに、表現力豊かに用いたもう1人の建築家が、フランク・ロイド・ライトです。ラチェンズ卿は、素材を歴史性を表現するために用いましたが、ライトの意図はもっと根源的なものでした。彼は家を大地と結合させようとしたのです。彼の初期の一連の作品プレーリー・ハウス（草原の家）は、木材の枠組みと水平に伸びる低く長い線が特徴的であり、それらの家々にはアメリカの開拓者の精神が感じられます。軟石や自然石などのごつごつした素材を荒削りのまま使うことによって、彼は自然の雄大な力を表現しています。また、彼の作品の中で最も有名で最上のものの1つである落水荘は、自然と建築との関係を究極まできわめ、表現しています。それは滝を跨ぐように建っており、硬い岩盤の上に据えられた軟石の暖炉と炉床が家の中心となっています。こうして、この建物では外部と内部の境界が溶けてなくなっています。

　しかしながら20世紀の建築デザインを特徴づける素材は、アーツ・アンド・クラフト運動が用いた木材や石などの親しみやす

左　ジョン・ポーソン作、イタリア産石灰岩の一枚板を中心にデザインされたミニマリスト的な美しさを誇るキッチンです。石灰岩のキッチンカウンターはそのまま真っ直ぐ隣接する庭に伸びています。フローリングも同じくイタリア産石灰岩です。

い「純朴な」素材ではなく、鉄筋コンクリート、鉄、板ガラスなどの工業的新素材でした。技術と生産方法が格段に進歩し、機械文明の落し子ともいうべき新素材が生み出されることによって、これまでにない全く新しい形態の建物が建築できるようになりました。コンクリートの持つ可塑性があってはじめて、ライトのニューヨーク、グッゲンハイム美術館の流れるような螺旋曲線や、ジョンF・ケネディー空港のサーリネン作TWAターミナルの、今にも飛び立とうとする鳥の翼が可能となったのです。またミース・ファン・デル・ローエのイリノイ州ファンズワース邸は透明感あふれる美しい建築で、それは最小限の鉄骨とガラスの壁だけで造られています。

　無垢の自然素材がアーツ・アンド・クラフト運動の道徳的価値に不可欠であったように、20世紀の新素材は進歩を象徴するものでした。ル・コルビュジエは彼のモダニスト宣言の書である『新しい建築を目指して』のなかで、自然素材を工業的素材に代えることの意義を情熱的に語っています。ル・コルビュジエが工業的素材を支持した理由は、それが持つ経済性と合理性です。工業的素材は、現場でも工場でも図面通りに正確に製作することができます。そして彼は、これらの素材を用いることによって住宅を大量生産する可能性が開けると考えたのでした。工業的素材を使うことによって、家は、「道具」であり、「住むための機械」になると彼は考えました。また建築以外の分野においても、チャールズ＆レイ・イームズ、ハリー・ベルトイヤ、アッキーレ・カステリオーネ、エーロ・サーリネン等のル・コルビュジエの影響を受けたデザイナーたちは、家具、照明、その他の住宅用備品を、鋼管、有孔アルミニウム板、繰り形にした合板、ポリプロピレン等の20世紀に誕生した新素材で制作し始めました。

　最近数十年間の、素材に対するモダニスト的な考え方は、必然的に従来の二者択一に代わる新しい二者択一をつくりだしました。「豪華な」素材と「安価な」素材、あるいは「純朴な（無垢の）」素材と「飾られた（被われた）」素材という二者択一に代わり、自然素材か合成素材かという新しい二者択一が提示されました。この二者択一は第二次世界大戦後に化学産業が大きく発展し、プラスチックをはじめとするまったく新しい人工素材が次々と登場してくることによっていよいよ明瞭なものになっていきました。化学的に合成される素材は、あらゆる形に成形することができると同時に、劣化せず、維持管理の手間が要らないという大きな利点を持っていました。プラスチックは「真正な」素材と同じような外観をつくりだすことができるため、あらゆる場所で大量に使われてきました。しかし、そのことによって地球環境に甚大な悪影響を及ぼしました。こうして自然素材の本当の価値が再認識されるようになり、自然素材であるかどうかということが、再び人々の価値基準になりつつあります。かつて自然素材が合成素材に対して劣っていると見なされていた多くの欠点、すなわち腐朽し、錆び、古くなるといった点は、現在では本物が持つ価値として逆に人々に称賛されるものになりました。

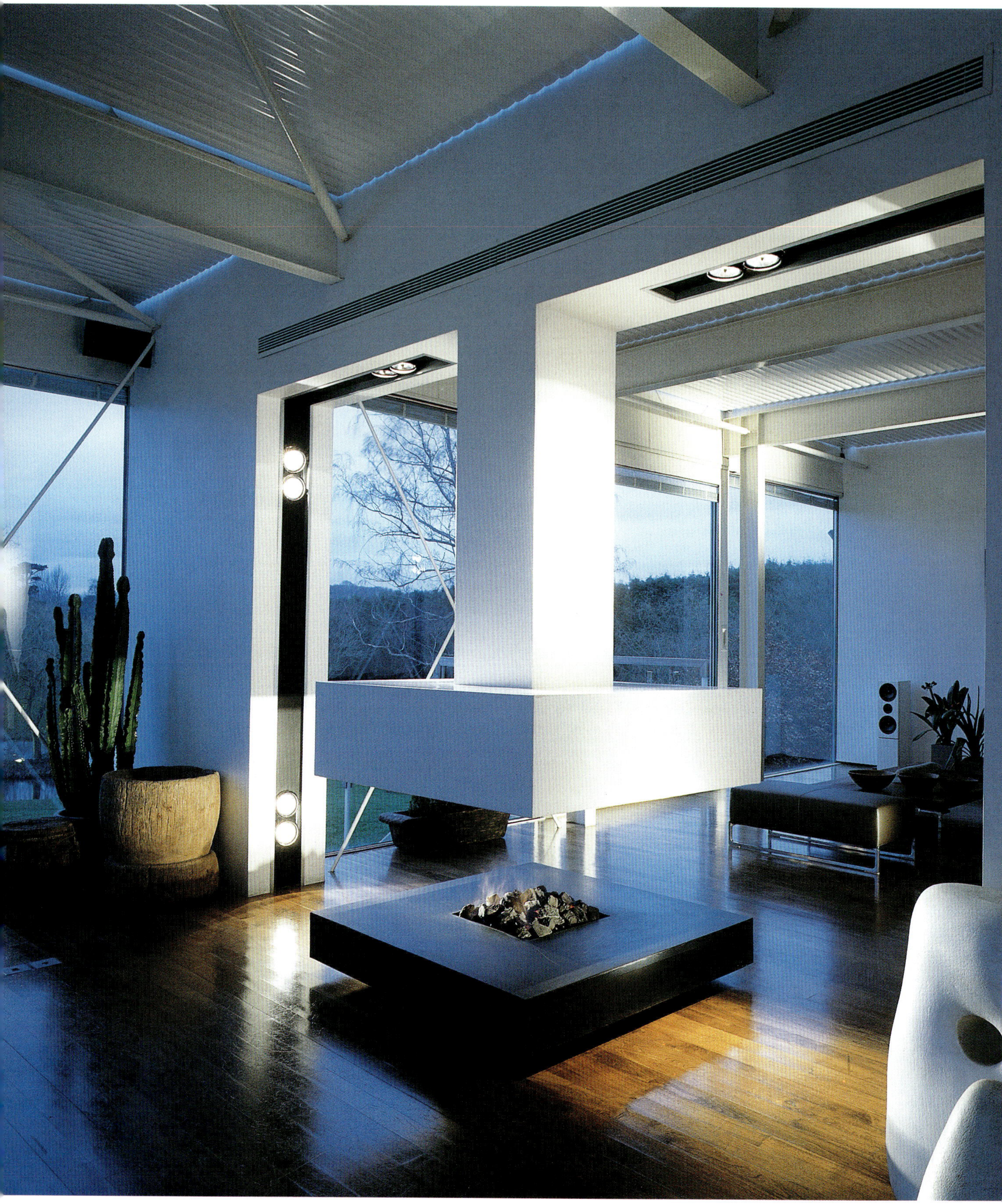

左　素材を活かすデザインによって光とフォルムの美しさがひときわ強調されています。硬材（広葉樹の材木）のフローリングの上に石の炉床が浮かびあがり、ガラスのカーテン・ウォールが外部世界と室内を融合させています。

　他の二者択一の基準同様に、「自然」と「人工」の間の境界もまた、決して截然（せつぜん）としたものではありません。自然素材の多くが工業的に加工されています。また合成素材には、大きな割合で自然の材料が含まれているものがあります。さらに価値を一面的に判断することにも問題があります。たとえば自然素材は、人工的素材に較べて地球環境に優しいと一般的に思われていますが、それは一概には言えません。石材は自然素材ですが、それを切り出し、形を整え、運搬するには多大なエネルギーが必要とされます。また石材は再生可能な資源ではありません。いま論議の的になっている森林破壊、特に熱帯樹林の伐採による破壊は、プラスチック工業がもたらす影響よりもより深刻な影響を生態系に及ぼしています。フィリップ・スタルクが特に有名ですが、デザイナーの中には、真正な素材を使うよりもある種類のプラスチックを代用するほうが長い目で見たとき地球環境にとって好ましいと主張する人々もいます。ところで、重工業が衰退し工場が都会から消えていく中で、工業的素材は、どこか郷愁を誘う素材として再び人々に好まれる素材になりつつあります。現代的ロフトの露出したレンガ積み、打放しのコンクリート、鉄のビーム、これらは一見荒々しく見えますが、どこか懐かしく感じられます。鋲打ち模様のゴムのフローリング、硬質ガラスやガラスブロック、金属製の踏み板、派手な色のプラスチック、これらの素材を非妥協的で風刺的に使ったハイテク・ビルが林立しているのには、こうした背景があるように思えます。インテリア・デザインの流行としては、ハイテク・スタイルはそう長続きはしないでしょうが、それがもたらした衝撃は今後も永く残りつづけ、工業的、商業的世界と家庭との境界をますますぼやけさせていくものと思われます。この文脈に沿った見方をするならば、ステンレス・スチールやアルミニウムといった高度な工業的技術の産物は、いまほとんど「自然」素材と見なされることを要求しているようです。というのも、これらの素材は私たちの生活にすっかりなじんでいるからです。

　多くの矛盾が潜んでいますが、私たちと素材の関係について明瞭なことは、それが永遠に続く複雑な関係であるということ、そして、進歩と改良、純朴さと真正、富と地位といったさまざまな意味が重なり合い表現される関係であるということです。未来において新しい素材が出現するならば、そのことによって新しい価値基準が前面に押し出されるであろう、ということは疑いのないことです。またその新素材によって新しい形態が生み出されることでしょう。一方ではすでに千年以上も存在しつづけてきた素材は、不滅と安心の感覚を私たちにもたらすでしょう。デザインはいつの時代も素材と手をたずさえて進んできました。これから先も素材の魅力を抜きにしたデザインなど考えられません。

表面と仕上げ

　最近人気を集めているテレビ番組のなかに、視聴者から選ばれた人が、ほんの数時間のあいだに部屋の模様替えをするというものがあります。こうした番組は人々の即時的な買い物欲を煽り、室内装飾を単なる消費の一形態にはずかしめています。また一方では、本物のインテリアデザインは大変難しい仕事であり、抽象的な思考に慣れた人だけができるものであるという根強い考え方もあります。素材の美しさを中心に据えたデザインは、テレビでやっているような模様替えとはまったく次元の異なるものです。それはペンキを剥がし塗り替えるのとは全然違う方法で、色、模様、質感を吟味します。それはプランを現実性の中に根づかせ、空間を実際的、具象的な方法で意味のあるものにしていきます。

　素材は人間のあらゆる感覚を結合させます。ペイントがあれば壁の色を替えることができますが、その感触、雰囲気、匂いは変えることはできません。しかし床を覆う素材を変えると部屋中のものが動き始めます。さらに素材には時間という新たな次元をつくりだす力があります。自然素材と合成素材の間にきっちりとした線を引くことはできませんが、例えば木や石、テラコッタやレンガなどの自然素材は、使えば使うほど使い勝手がよくなり味が出てきます。そして時間とともに空間に溶け込んでいきます。素材の魅力を中心に据えたデザインは、表層的な模様替えとは異なり、しばしば初期投資額もかなり高くなり、労力も必要としますが、その分、いま述べたような得難い成果を得ることができます。

素材の美と歴史

左　素材を活かし無駄と妥協を排したデザインです。木の床、コンクリートの壁、金属の枠にはめ込まれたサンドブラスト加工のガラス。赤い椅子が対照的な存在となって素材の美しさを際立たせています。

右　基本的に中立的なデザインのなかで各々の素材が個性を競い合っています。ステンレスのキッチン・カウンター、ガラスのフロアパネル、無垢材の書棚等が素材の質感と仕上げ面のコントラストを浮かび上がらせ、独特の美しさを奏でています。

　他の装飾法と同様に、まず最初にしておきたいことは、自分の感性に響く素材を集めてみるということです。カタログの写真を眺めることも良いのですが、それらの写真は光や撮る方向を巧みに操作し極めて意図的に撮影していますので、そのまま受け取ると失敗するおそれがあります。やはり実際にショールームを訪れ、現物を手に取り、さらにサンプルを家に持ち帰り検討するというのが一番良い方法でしょう。たいていの卸売店はよろこんで、自分で検討できるだけの量の素材を分けてくれるはずです。大切なことは、必ず異なった光のもとで素材を吟味するということです。自然光の下での感じ方と人工的な照明の下での感じ方はずいぶん違っています。素材を取り替えることはペイントを塗り替えるのとは比べものにならないほど手間と時間を要するものですから、最初の段階でじっくり時間をかけて検討する必要があります。

　素材を選ぶ時のキーポイントは、あくまでも実地で、ということです。同じ家の中でもある場所にふさわしい素材とそうでない素材があります。考えるべき点としては、熱や音を遮断する特性はどうか？弾性はあるか？（特にフローリングの素材を決めるときに重要です）磨耗、きず、シミに対して強いかなどです。多くの素材が実際に施工するには特別の技術を必要とし、あとで手を加えたり定期的にメンテナンスするときにもやはり慣れた人の手を借りる必要が出てきます。特に素材どうしが接合している個所はよく注意し、手入れと補修をこまめにすることが大切です。

　美的な側面からのキーポイントは、素材を中心に据えたデザインは、何よりも自然光の効果を最大限に発揮させるという点です。透明や半透明のガラス、パースペックス、ガラスブロック、これらの素材は自然光を空間から空間へと遷移させ想像以上の効果を発揮します。また本磨きの石材などの鈍い光を放つつや消しの表面は、室内に静かな落ち着いた雰囲気を醸し出します。素材に主眼を置いたデザインというとき、多くの人がそれは質感だけを対比させたデザインだと誤解しています。馴染み深い自然素材でも、質感だけではなく、その色や模様の対比によって素晴らしい効果を生み出すことができます。色、質感、模様、これらの要素が不可分な一体となって素材はできており、それによって室内に特別な空気をつくり出すのです。例えば木材の特性とは、その色、節目や木目の模様、表面の手触り、香りなどの総合されたものであり、これらが一体となって「木のぬくもり」が醸し出されるのです。

　1つの素材だけで統一的にデザインすると、独特の美しさが室内を満たします。流し台から調理作業台まで全面をステンレスで被ったキッチンは、食物を扱う場所にふさわしい滑らかな清潔感を感じさせます。また床も壁面も木の板で被った室内は、船のキャビンのような居心地の良さを感じさせてくれます。ある素材に惚れ込んでいる人にとっては、このように1つの素材に完璧なまでにこだわったデザインは、たまらない魅力でしょう。しかし往々にして嫌味になる場合があり、冷静な目も必要です。実際問題からすると、ほとんど1つの素材でまとめたデザインの場合、美的な面と同様に、実際に暮らすことを考えた高度な判断力が要求されます。石や金属ばかりで被った室内は、厳しいほどに硬質で、音を吸収せず、冷たさを感じさせます。

　これに対して2つ以上の素材を対比させ、対照的面白さに焦点を当てたデザインは生き生きとしたエネルギーを感じさせます。

そしてこの方法の場合、あらゆる素材が自然素材と人工的素材、伝統的素材と最先端の素材といった相反する性格のものであっても、いっしょに動き始めることができます。例えば木肌をメインにした室内に、レンガやテラコッタのタイルを少し並べてみるだけで、または金属やガラスが生み出す現代的な線を加えるだけで、その温かな感じをいっそう強調することができます。素材の組み合わせは、このように特別の効果を生み出すので、そのぶん実践的な場面で特別な配慮が必要となります。特に床の素材を組み合わせる時は十分検討し、慎重に作業することが必要です。2つ以上の素材を組み合わせる時には、何よりもその切断面と接合個所に注意する必要があります。素材どうしがくっきりとした線で接合する個所を見ると、視覚的な美しさが際立つと同時に、技術の確かさが光ります。

　これまで大部分の住宅では、室内は無地のプラスターの壁とカーペットを敷いた床というのが普通のパターンで、いろいろな種類の素材を使う余地のあるところは周辺部——たとえば小さなタイルを並べた流し台や木の調理作業台など——に限られていました。しかし素材が本当にその魅力を発揮し建築的なインパクトを生み出すのは、主要な構成要素として使われたときであり、十分なボリュームをあたえられた時です。素材中心の住宅設計は、従来の自己完結的な部屋の寄せ集めといったデザインとは異なり、建物全体を水平面、垂直面で統一的に見る視点が要求されます。スクリーンやパネルとして、広い平面、壁面として、あるいは埋め込まれたり縁取ったりするものとして、素材の様々な表情は、まったく新しい方法で空間に個性をもたらします。

木

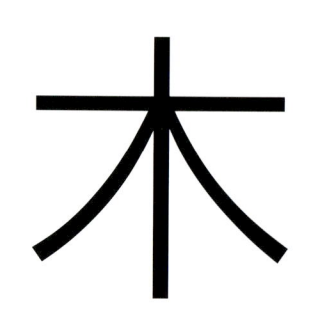

左　木は安らぎと安心を感じさせる素材です。天井部分の実つぎ板張り、幅広の床板、中央の化粧板で被われた収納ユニット、これらの素材が瀟洒な室内で共鳴しあい美しい音楽を奏でています。

右　硬いトネリコ材の木の階段がヨットの索具で支えられています。モロッコのクスクス料理に使われていた木のボールはクルミの木を削ったものです。イスラエルから持ち帰った古い脱穀板が彫刻のようです。

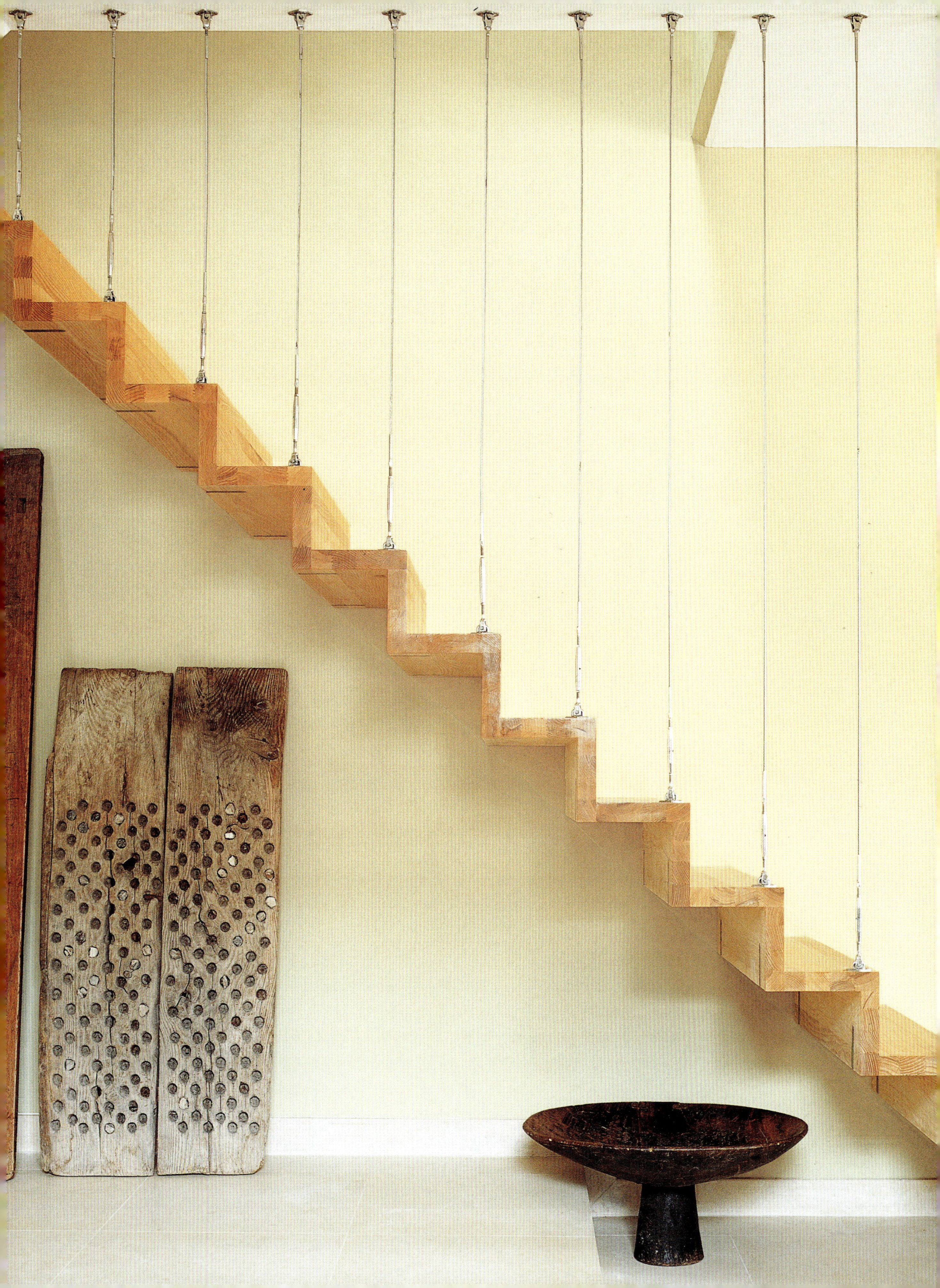

右　ステイン染色の床板がとても現代的に使われています。床の滑らかさと清潔感は壁に幅木がないことによってさらに強調され、どこまでも続いているような錯覚を喚起します。

　仕上げの美しさに定評のある建築家アルヴァ・アアルトは、「木は形に生命を吹き込むきわめて人間的な素材である」と述べています。木はありふれた素材ですが、本能に訴えかけ心を震わせる力を持っています。木は人との古来からの絆に応え、安心感を与えてくれます。

　木は融通が利き、再生可能で加工しやすいため、有史以前から建築の主要な部材として活躍してきました。私たちの祖先は、木には精霊が宿っていると崇めていました。木はまさしく生命の源でした。それは住居や船の材料に用いられるばかりでなく、生きていくのに不可欠な、火を絶やさないための燃料でもありました。スカンジナビア地方の民話では、トネリコは「イグドラシル」、すなわち「いのちの木」と呼ばれていました。また古代ケルトの人々にとってオークは聖なる木でした（両方の木とも、切ったばかりの乾燥させていない状態でも燃焼し、煙もほとんど出ません）。古代の人々の眼には、毎年春がくれば新たな芽をふくらませる木は永遠の命の象徴でした。

　実用的な観点からみると、木は多くの長所と幅広い用途を持っているため、数千年の昔から主要な建築資材となってきました。基本的な構造材として、仕上げ材、被覆材として、柱、梁、床、屋根、窓枠、内壁、ドアなどさまざまなものに用いられてきました。もちろん言うまでもなく家具の材料としても。木は他の素材に較べて軽量で切断しやすく削りやすいため、仮小屋やログ・キャビンから柱と梁のある本格的な建物まで、場所に適応して多様な建築を生み出すことを可能にしてきました。城砦や宗教的な建物には主に石が使われました。石造建築物の多くは、特に古代ギリシャの神殿が有名ですが、それ以前にあった木の建物の構造を手本にして造られていました。

　木造家屋は、イギリスのコテージや納屋、ロシアのダーチャ、アルプスの山小屋など世界中いたるところにその源流を見出すことができます。ヨーロッパでは広葉樹（硬材）の伐採過剰が原因で産出量が減少し始める16世紀までは、ほとんどの民家は木造でした。また中国や日本には独自の木造建築の伝統があります。茶室や木造寺院は特に有名です。スカンジナビア半島や北アメリカのように木がまだ多く産出され安価なところでは、木はいまでも家を造るための最も一般的な素材です。アメリカには19世紀後半にH.H.リチャードソンによって広められた「こけら板」様式の家から、グリーン兄弟が開発したカリフォルニア風バンガローまで、木造建築の豊かな歴史があります。

　木を用いた建築芸術は、ヨーロッパでは14世紀から16世紀の間にその絶頂期を迎えていたと言えます。中世の城郭や大寺院に見られる巨大な「水平はね出し梁」の屋根、華麗な曲線を描く教会の十字架を掲げた木壁、祭壇背後の飾り壁、そして「外面真壁づくり」の手の込んだ商人の家などは、当時の木工職人の技術の粋を集めたものでした。しかも当時、大寺院の巨大な天井架構（ヴォールト）を組んだ棟梁と、大洋を航海するオーク材の大型船を建造した船大工の間に技術的な交流があったことも記録に残っています。たくさんの梁と桁を組み合わせて造られている中世の大寺院の屋根は、そのまま逆さまにすると船体にとてもよく似ています。

　16世紀に入るとヨーロッパの都市の木材不足は深刻になりました。例えばイギリスではエリザベス1世はオーク材、トネリコ材、ブナ材を造船用にまわすことを規制しましたが、森林伐採のスピードはますます早まるばかりでした。特にオーク材は製鉄用の炭にするため需要はますます多くなるばかりでした。1世紀もしないうちにイギリスの主要な森林地帯の多くが完全に消失し

木の美と歴史 19

てしまいました。
　急激な森林破壊の歴史は、木の使用が必然的にともなっている危険性を物語っています。木は需要と供給の脆いバランスの上に存在しています。機械化により伐採のスピードはさらに早まり、木材の消費はその生産の10倍の速さで集中的に行われています。拡大しつづけるばかりの木材消費のため、世界の動植物種の大部分が生息し、地球の緑の肺として機能してきた熱帯雨林の存在が脅威にさらされる、という最悪の事態に直面しています。生態系の破壊がますます進行しつつあるなかで、私たちひとりひとりにできることがあります。それはどのような目的であれ、管理されている再生可能な森林からの木材を使う、という運動を世界的に推し進めていくことです。

左　軽い硬材のフローリングには、釘の頭が規則正しく並び、モノトーンの中性的な部屋のなかで、質感の面白さを演出しています。素材のコントラストをテーマにしたデザインです。

　「木」という言葉は包括的な言葉です。木にはさまざまな種類がありますが、その最も大きな分け方が硬材（広葉樹）と軟材（針葉樹）という分け方です。何百年もの間オーク、チーク、マホガニーなどの硬材が好まれましたが、それは硬材が強度があり、緻密で、腐朽しにくいという理由からでした。軟材はそれに比べ耐磨耗性は劣りますが、そのかわり早く育つという利点を持っています。軟材は長い間基礎的な建築資材として使われてきましたが、ほとんどがその表面にペイントやワニスを塗ったり、ステイン染色したりといった二次加工を施して使われました。

　また今日「木」というとき、そのなかには多くの種類の加工木材が含まれています。合板、中質繊維板（MDF）、チップボード、ハードボードなど多彩な種類が揃っており、家具の裏張りから骨組みまであらゆる用途に用いられています。最近では仕上げ面

木の美と歴史

に使われることも多くなっています。商品の種類も、厚板、タイル、細板、シート、ブロック状のものから薄い単板、パネルまで各種揃っています。

　内装の仕上げ材として見るとき、木は清廉さと温もりを表現します。壁や床に木を用いた家には、すっぽりと覆われたい、暖かく包まれたいという私たちの本能的な願望を満たしてくれる雰囲気があります。また木目や節目の模様、何枚も並べた時のリズム感と触感、これらは人の心を軽やかにし、安心感を生み出します。

　建築様式という側面から見るとき、木の建築は地方独特の生活様式、伝統、農業生産の方法と密接な関係があります。丸太作りの納屋、下見羽目板の家など世界各地に古くから受けつがれてきた独特の建築様式があります。20世紀の中葉にアルヴァ・アアルトやアルネ・ヤコブセンといったスカンジナビア地方の建築家、デザイナーは、張り合わせ合板やチーク材を用いて独特のインテリアや家具を生み出し、この素材を当時としては最も現代的な形で使うことに成功しました。アアルトの書棚は大変な人気を博しました。彼はスカンジナビア人特有の、人間味溢れる形で木を用いましたが、それは残念なことにミース・ファン・デル・ローエからは「深い森林」に生活する人間の匂いが強すぎると軽蔑されてしまいました。しかし、木という素材が持つ家庭的な雰囲気は、モダニズムをより優しく生活感に満ちた形で大衆化することに貢献しました。もう1つの現代的な木の使い方として、皮を剥いだマツ材をほとんど加工せずにインテリアや家具の表面に使うという方法が、1960年代から1970年代にかけて流行しました。それはイギリスでの大規模な家具卸売店の登場とも関係がありました。皮を剥いだだけのマツ材、またはペイントも塗らず、ステイン染色もしていない無垢のマツ材には気取りのなさが感じられましたが、それはリビングルームをオープン・プランで使うという新しい若者風のスタイルと手をたずさえて流行しました。最近ではウェンジなどの黒っぽい木材が東洋的なものと西洋的なものを融合させたフュージョン・スタイルのインテリア・デザインのなかで好まれて使われています。

　木はあらゆる素材のなかで最も親しみやすい素材です。古くから使われてきたということもその理由ですが、もう1つの理由は、それが硬い素材でも軟らかい素材でも、あらゆる素材と組み合わせることができるという点です。木は最も耐用性があり、最も長持ちする素材とは決して言えませんが、用途を限定しません。木は石に比べ安価で、温もりを感じさせ、音を吸収しやすく、弾力性があり、加工しやすいといった長所を持っています。日頃の手入れさえ怠らなければ、木は歳月とともに美しさを成熟させていき、ほとんど全ての様式の装飾とデザインの魅力を倍化させていきます。

上　どっしりとしたイエロー・パインの梁、おなじくイエロー・パインのテーブル、そしてホワイト・オークの柱、これらの素材が、現代的ロフトに生き生きとした力強さをもたらしています。フローリングには、ベイマツ材、キッチン・ユニットにはカバ材が使われています。

木

種類

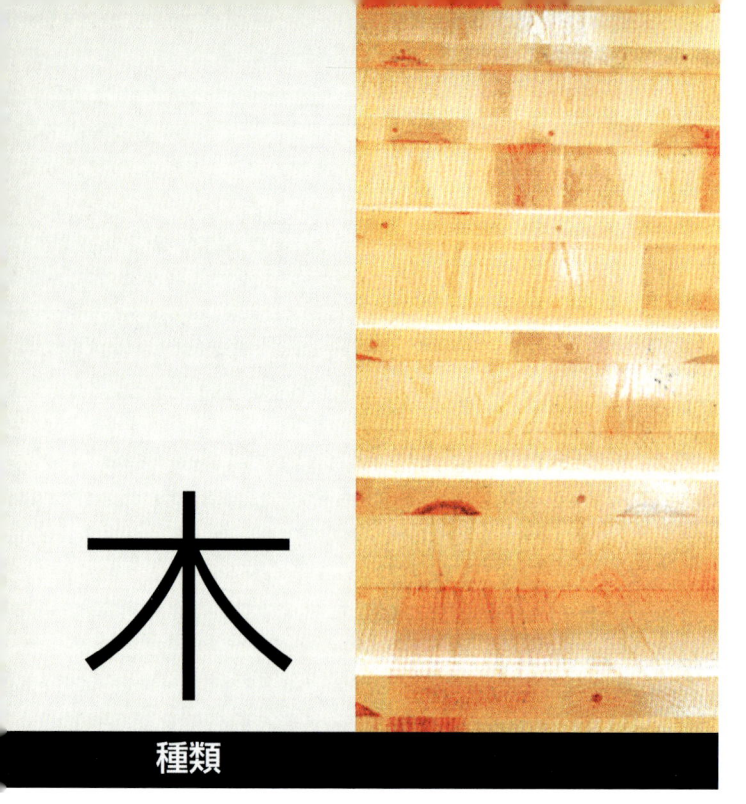

　木は、均質な素材ではありません。多くの種類があるだけでなく、同じ種類でも木ごとに微妙に色や模様が違い、また同じ木から採れる木材でも、製材の仕方によって表情が変わってきます。こうした微妙な違いを鑑定することも、棟梁の技能の1つでした。イギリスの建築家ラチェンズ卿が、若い時にサリーであった1人の棟梁は、樫の実の味を見て、その木が切り頃かどうかを当てることができたといわれています。こうした技は今ではほとんど消えかかっていますが、この話は木は生き物であり、無限に変化するものであるということを物語っています。木を扱うには、少なくともその種類とそれぞれの外観、加工しやすさ、密度、そして質感について知っておく必要があります。

　また、木材には、本物と模造品の間に無数のバリエーションがあるということも念頭においておきましょう。無垢板や柱や梁になるような木材はすぐに本物とわかりますが、その対極には木の成分をほとんど含まず、工業的に「木肌風」に生産された床材や壁板があります。それらは化学的に合成した素材に薄い単板を貼り付けただけのものが一般的です。さらにはこの単板さえも、木目を印刷した紙で代用しているものもあります。

　板材は、木取りの方法によって見た目や耐磨耗性が違ってきます。丸太の中心線に対して直角に挽いてできる板材を板目といいます。板目取りの板材は、木の素朴な表情をあらわしています。節目（節目はそこから枝が出ていることを示しています）、木目をはじめ色や紋様の変化が味わえます。木の中心から放射線状に挽いてできる板材を、柾目といいます。柾目取りの板材は、板目にくらべ質感に富み、色も一定です。木目に対して垂直に挽いた板材を木口（エンド・グレイン）といいますが、これが最も硬く耐磨耗性があります。材木商は板材に等級をつけるとき主として見た目の良さを基準にし、節目などの欠点のないものを最上級としますが、そのような板材の大部分は、心材といって木材の中心部から取れるものです。

木材は大変種類の多い素材です。
(1) トネリコ材
(2) 「キルト風」トネリコ薄板
(3) ホワイト・ビーチ（ブナ）
(4) レバノンスギ
(5) アメリカン・チェリー
(6) ヨーロピアン・チェリー
(7) クリ材

軟材(針葉樹)と硬材(広葉樹)

　樹木の種類は4万種ほどありますが、そのうち建築に一般的に使われるものは30種もありません。樹木には大きく分けて針葉樹と広葉樹があり、前者から取れる木材を軟材、後者から取れる木材を硬材といいます。

　針葉樹は主に寒帯、亜寒帯に生育しアメリカ北部、カナダ、ロシアなどの旧ソ連諸国、スカンジナビア半島などが主な産地です。大部分のものが常緑樹で、葉は針のように細く尖っており、比較的早く成長します。軟材はほぼ似通った性質を持っており、色は薄く、木目は柔らかく詰まっており、節目が多くあります。軟材にはマツとモミの仲間が多く、アカスギ材、スコッツパイン材(オウシュウアカマツ)、ドイツトウヒ材(ノルウエースプルース)、ホワイト・ディール材などがあります。

　軟材は主に建築用資材として用いられており、多くが製材され規格品として販売されています。材質は柔らかく、樹脂を多く含む節目が多いため、一般的に耐磨耗性は硬材よりも劣ります。軟材はおおむね硬材よりも安価です。木目が真っ直ぐで節目が少ないほど上質とされます。軟材は現場に使用する前に必ず防腐、防虫処理をする必要があります。

　硬材は軟材よりも多くの種類があります。温帯、熱帯に生育し、落葉するもの、常緑のものどちらもあります。色や質感はそれぞれ大変個性的です。大半が軟材よりも高価で、手に入りにくいものも多くあります。そして残念なことに多くの種が絶滅の危機に曝されています。はるか昔から硬材はその美しさ、強度、耐磨耗性、害虫に対する抵抗力、彎曲に強い性質などで人々に大変好まれてきました。

前ページ　木目の美しさを活かした躍動感溢れる階段です。

上　化粧版の模様とディテールが優雅さを漂わせています。家具職人の精緻な技術の結晶です。

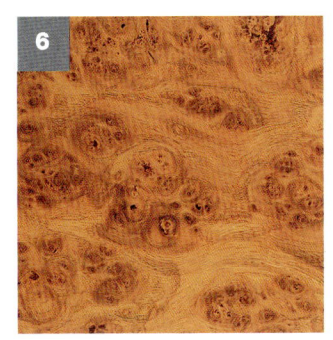

硬材には色も木目も個性的なものが揃っています。
(1) スイート・チェスナット(クリ)
(2) エルム(ニレ)
(3) ブラジリアン・マホガニー
(4) アフリカン・マホガニー
(5) カエデ材
(6) バー・メープル(カエデ)
(7) モエラ

木材の乾燥(シーズニング)

　生物を起源とする素材はすべてそうですが、木材も水分を多く含んでいます。その割合は針葉樹と広葉樹ではかなり違い、また種によっても大きく異なっています。木は伐採されるとすぐに水分を蒸散し始め、その速さは周囲の環境に影響されます。この乾燥過程は、木材がその場所に順応するまで続きますが、それ以後も少しずつですが進行していきます。

　乾燥の過程で木材は収縮します。上下方向にはわずかに、幅はかなり縮みます。これは施工上大きな問題です。例えばまだよく乾燥していない板材を床板に使うようなことがあると、それはすぐ目に見えて縮みはじめ、反りかえったり裂けたりします。このようなことを防ぐため新しい木材は必ず使用前によく乾燥させておく必要があります。材木商では乾燥の過程で材木が反り返ったり、裂けたり、歪んだりすることがないように、乾燥炉に入れたり除湿機にあてたりして人工的に少しずつ同じ割合で乾燥させていきます。また自然乾燥と人工乾燥を組み合わせているところもあります。室内仕上げ用の木材のほとんどは水分含有率10パーセント前後にしてあり、それはセントラル・ヒーティングの家に合うレベルとして推奨されています。

　乾燥済みの木材といっても、気候や湿度の変化にはやはり敏感です。施工前に予定の部屋に一定期間置いた後に作業すれば、その部屋の空気にさらによく順応するでしょう。

主な木材の種類

トネリコ材(アッシュ)　家具やフローリングの材料として広く利用されています。木目は真っ直ぐですがやや粗い質感を持っています。硬さは申し分なくあらゆる用途に耐えられます。大半のものが薄いクリーム色かきつね色をしています。色の濃いものもあります。

竹材(バンブー)　竹材は厳密な意味では木材ではありませんが、環境問題から硬材の代わりになるものとして近年脚光を浴びています。世界中の植物のなかで最も生育が早く、5年もすると木材にじゅうぶん匹敵する外観と硬さを持つようになります。バンブー・ボードは細く裂いた竹材を並べて重ねあわせ、高圧で張り合わせたものです。細く裂いた竹の表面が表になるように張り合わせたものは、節が面白いリズミカルな模様をつくり出します。竹の厚みのほうを表にして張り合わせたものは、緻密なストライプが特徴的な板材になります。竹材のフローリングは、オーク材、カエデ材、ブナ材のものよりも強度があり、また劣化しにくいという長所もあります。バンブー・パネルは壁材としても使われています。

ブナ材(ビーチ)　現在最もよく使われている木材の1つです。家具、天板、フローリングなどに用いられています。明るい暖色系の色をしており、耐磨耗性もあり、高圧乾燥させたものはオーク材よりも強度があります。

カバ材(バーチ)　あまり強度のある木材ではありません。合板の表によく使われます。白っぽい色で美しい木目をしています。

レバノン杉(レバノンシーダー)　豊醇な赤い色をし、香りが強く害虫に強い軟材です。蛾を寄せ付けない性質を持っているため、箪笥、食器棚、戸棚などの内張りによく用いられます。その他の種類の杉

(1) ヨーロピアン・オーク
(2) ブラウン・オーク
(3) アメリカン・レッド・オーク
(4) パドック
(5) ブリティッシュ・コロンビア・パイン(マツ)
(6) バルチック・パイン(マツ)
(7) レースウッド・ベニヤ

板は屋根のこけら板や実つぎ板張りなどに広く使われています。

サクラ材（チェリー）　美しい木目を持ちバラのような魅惑的な赤い色をしています。フローリングや飾り縁の素材として使われます。

クリ材（チェスナット）　強度と耐磨耗性に優れ、用途は多様です。

黒檀（エボニー）　硬材の中でも最も硬いものの1つです。黒色に近い色で緻密な美しい木目をしています。

ニレ材（エルム）　大変強度に優れています。木目は真っ直ぐのものから波打つもの、「野性的」なものまで多様です。色もクリーム色から緑色がかったもの、紫がかった茶色まで豊富に揃っています。

イロコ材　アフリカ産の硬材でチーク材に外見も性質も大変よく似ています。絶滅の危機にあります。

マホガニー材　濃い豊かな色をした熱帯産硬材で美しい木目を持ち強度に優れ彎曲も容易です。マホガニーは最初西インドの植民地から帰る船の脚荷としてヨーロッパに持ち込まれました。18世紀に入り、家具職人がクルミ材の代用品として使い始めました。フローリングや飾り物、ドアなどのインテリアの素材として用いられています。絶滅の危機にあります。

カエデ材（メープル）　白っぽい色をしています。耐磨耗性に優れ、磨耗しにくいという点では最高の素材です。学校や美術館など人の往来の激しい場所のフローリングに多く用いられています。

オーク材　昔はヨーロッパ北部に多く自生していました。大変硬く耐磨耗性に優れ長持ちします。木目にそって裂けやすく加工しやすいほうではありません。木目は広がっていてきめは粗い方です。使い込んでいくうちに、白っぽい色や茶色をしていたものがビロードのような灰色に変わっていきます。イングリシュ・オーク、フレンチ・オーク、アメリカン・オークなどの種類があります。

上　壁を被覆している竹材は地球環境に優しく見た目も美しい。

マツ材（パイン）　軟材としては最も一般的なもので白っぽい色をしています。シーリング材を塗ると特徴的な蜂蜜のような色になります。木材の中ではもっとも安価なものの1つで建築資材として広く使われています。無垢板として好まれる「ノッティー・パイン」はアカスギ材の一種です。

チーク材　耐磨耗性に優れた熱帯産の硬材で、気候の変化に強い性質を持っています。東洋では主として建築資材として使われますが、スカンジナビア諸国では戦後、家具の素材としてもよく使われるようになりました。甲板、ガーデン用備品などにも使われています。絶滅の危機にあります。

クルミ材（ウォールナット）　最も美しい木材の1つで、深みのある色、さざなみのような木目は大変珍重されてきました。しかしあまり強度がなく、害虫に弱いという欠点もあります。以前は主に家具の化粧板として使われていました。アメリカン・ウォールナットはフローリングの素材としてよく使われています。

ウェンジ材　アフリカ産の硬材でフュージョン・スタイルのデザインによく用いられます。

熱帯産木材　カリ、ワンドゥ、ジャラ、メルバウ、スクピラ、パンガ・パンガ、パドック、モエラ、ムテンイェ、ラパーチョ、インシ

（1）ヨーロピアン・ウォールナット（クルミ）
（2）アフリカン・ウォールナット
（3）アメリカン・ウォールナット
（4）チーク
（5）ウェンジ；マホガニー、チーク、ウェンジ、パドック等の樹木は絶滅の危機に瀕しています。できる限りこれらの樹木の使用を止めましょう。

エンソ、ジャトバなどがあります。熱帯産木材の多くは強烈な色と木目をしています。

アンティーク木材・再生木材

　硬材の産出量が減少していくなかで、古びた自然素材が持つ深みのある角の取れた味わいが好まれるようになり、アンティーク木材、再生木材の市場が大きく育ってきました。木材はこれまでも絶えず再生利用されてきました。難破船から取った木材はかつては別荘の暖炉の炉縁の材料として盛んに使われていました。日頃の手入れを怠らなければ、木材は、とくにオーク材などの硬材はそうですが、長持ちさせることができ、深みのある美しさを醸し出すことができます。

　再生木材には多くの種類があります。美術館、銀行など多くの人が訪れる建築物から取った無垢板、寄せ木張り、床板、甲板状フローリングなどは最高級品として取引されます。他方では、鉄道の枕木や足場板などの身近なものもあります。古い床板は、だいたい新しいものよりも長く幅が広いものが多いようです。マツ材が多いようですが硬材のものもあります。甲板状フローリングは硬材を使用しているものが多いようです。再生板材は釘を抜き、古びた表面をそのまま残すようにして再度仕上げられます。また古い梁や棚板、柱などをカットしてフローリング用に加工したものもあります。

　アンティークの寄せ木張りにはさまざまな木材が使われていますが、オーク、カエデ、ベイマツ、チークなどを使ったものが一般的です。新品よりも安価なものから、質と由来によっては大変高価なものまであります（フランス製の寄せ木張りは大変質の高いものが多

上　フランス製寄せ木張りは世界で最も美しいと認められています。

く、そのためとても高価です）。

　より荒々しい効果を望む時は、足場板や枕木の再生木材を使うと良いでしょう。特にバンガローのフローリングやレイズド・ベッド（ガーデン用の背の高い花壇）の側面などに使われています。

　再生木材のマーケットに行って自分で掘り出し物を探す時には、必ず防虫・防腐加工済みのものを選びましょう。そうしないと自宅に新たな問題をまねき寄せることになります。

アンティーク木材や再生木材には風格があります。再生工場からのものもあれば、高級品専門店からのものもあります。
（1）再生イロコ材
（2）石灰塗料を塗った板材
（3）フランス製の硬材寄せ木張り
（4）オーク材の寄せ木張り
（5）オレゴン・パインの再生材
（6）19世紀の幅広のマツ板材

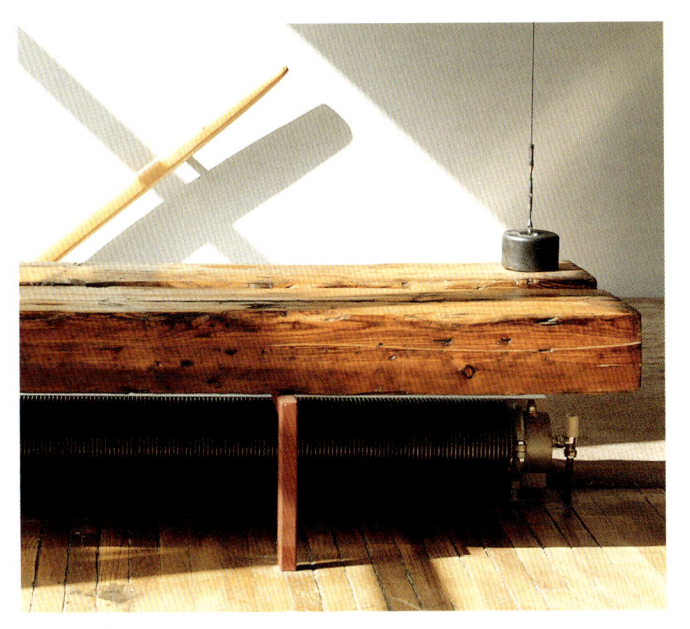

上　枕木を利用したローテーブルです。

　木材の再利用は自宅でもはじめることができます。19世紀頃に建てられた家には、古い床材がそのまま残っている家が多くあります。とはいっても2階建以上の床材はほとんど残っていないでしょうが。また古いマンションには、建築時の硬材の床板や寄せ木張りの床が保存されている場合があります。古い木造住宅の雨戸、よろい戸、無垢板や張り合わせの木製ドア、室内の繰り形（モールディング）などは、工夫次第で使い道はいくらでもあります。それらを使うときには、古いペイントやワニスを徐液やサンダーで剥ぎ落とし、あて木や砥粉で補修します。

加工木材

　人工的な板材は、壁、床、棚、内装仕上げ、縁材など、住宅建築のなかで幅広く使われています。天然木から採る厚板や板材にくらべ一枚の幅が広く、湿気や気温の変化に強いという利点があります。最近では合板などの加工木材がますます多く仕上げ材としても使われるようになりました。天然木材の板材にくらべかなり安価です。

ブロックボード　天然木材の断片を中身にしてその両面を薄い単板で被ったものです。厚さも表面も合板と同じように多くの種類が揃っていますが、合板と違い切断面に中身の木材の断片が接合せずに隙間ができている個所があります。そのためほとんどのものが切断面も単板で被っています。合板よりも安価で、軽いものを載せる棚板などに使われています。

コルク　地中海沿岸に生育している常緑樹、コルク樫の樹皮からつくります。比較的安価な素材で長所も多くありますが、見た目の美しさはそれほどでもありません。もともとは自然素材ですが加工して製品化されています。樹皮を粒状にし樹脂と混ぜ合わせプレスして焼き上げ、タイルや板に仕上げます。コルク樫は樹皮を剥いでもあまりダメージを受けずそのまま成長を続けます。

　コルクは主にタイルにしますが、等級、厚さ、寸法とも各種揃っています。床材用のコルクは壁材用のコルクよりも耐磨耗性があります。コルクの最大の長所はその弾力性で、部屋に安心感と静けさをもたらします。自然な濃淡のある蜂蜜のような淡褐色のものが一

加工木材は安価で用途の広い木材です。
強度、組成に応じて各種あります。
（1）ブロックボード
（2）チップボード
（3）中質繊維板（MDF）
（4）薄い単板の合板
（5）厚い単板の合板

上　ラミネート・ウッドのフローリングは本物に近い質感と美しさを持っています。

般的ですが、色の濃いものもあります。コルクの主な欠点は汚れが染み込むと磨耗しやすくなるという点です。そのため特に床材に使うときは、こまめにシーリング材を塗布することが大切です。

チップボード　加工木材のなかで最も廉価なものです。木材のチップや断片を合成接着剤で固め化粧版を表面に貼り付けたものです。ブロックボードや合板に比べかなり強度が劣り、切断面を表に出すとそこから水が浸入するおそれがあります。

ハードボード　木の断片を接着剤や樹脂を使わずに熱と圧力で固めたものです。薄いものが多く、片面が滑らかで反対側は粗くなっています。主に床の凹凸を補正するための下地床用素材として使われています。

中質繊維板（MDF）　比較的新しく登場してきた加工木材です。木を細かな粒子にし、それを合成接着剤で固めたものです。均質で正確に裁断でき強度に優れているため、登場後すぐに盛んに使われるようになりました。棚板、内装仕上げ、モールディングから箪笥の化粧板、食器棚の扉まで幅広く用いられています。一度ペイントやラッカーを塗るといつまでも滑らかで光沢があります。くっきりした線を強調する現代的なインテリアや継ぎ目のない作りつけの収納棚などの素材には最適です。

　しかし近年、素材の安全性と環境に対する影響が問題になっています。MDFを鋸で切断したり加工したりするときに細かな化学物質を多く含んだ粉塵が放出され、吸入すると人体に悪影響を与えるのではと疑われています。この素材を取り扱う人は防塵マスクをするように勧められています。

合板　多くの優れた特性を持ち、美しく、実用性も高い素材です。初期のモダニズムのデザイナー達に機械文明の最高の産物と歓迎されました。アルヴァ・アアルトをはじめ多くのデザイナーが合板が可能にした豊かな曲線を用いて、家具の世界にこれまでにない表現力を持ち込みました。合板は、現代的なデザインの家具や床の仕上げなどの主役として使われると同時に、下地床などの脇役としても使われています。マリン・プライは、寄せ木張り床のための下地床として、また湿気が多いキッチンやバスルームの下地床として用いられています。

　合板は、薄い単板を奇数枚重ね、接着したものです。単板は通常交互に直交するように重ねていき、どの方向からの力にも均等に耐えられるようになっています。彎曲に適した薄いものから強度があり歪みのこない厚いものまで各種製造されています。

コルクはコルク樫の樹皮から作られる環境に優しい素材です。厚さ、等級、色とも多くの種類が揃っています。
（1）ナチュラル
（2）ダークステイン
（3）グリーン
（4）ホワイト

上　チャールズ&レイ・イームズ夫妻デザインの1946LCW（ラウンジ・チェア・ウッド）モデルのクラシックな椅子です。

　さまざまな種類の木が合板の材料に使われますが、表の単板にカバ材を使ったもの、あるいは全体をカバ材でつくったものが多いようです。北アメリカ産の合板にはベイマツなどの軟材を使ったものもあります。熱帯産の合板には表にラワンなどの硬材の単板を使ったものが多いようです。カエデ材、チーク材、オーク材などを表に使った高価な合板もあります。

ラミネート・ウッド　手ごろな価格でフローリングができる素材です。本物の木の単板を表にしているものもあれば、本物の木に似せて表面を仕上げているものもあります。ラミネート・ウッドのフローリングの多くは接合部がかみ合うようになっていて、接着剤を使わずに施工することができます。

木材と環境問題

　純粋に理論的に考えると、木は再生可能な資源ですが、最近数十年間の森林破壊は、人類にとって重大な問題を投げかけています。問題の1つは供給をはるかに上回る需要の増大です。1990年から1995年までのわずか5年間に、20億ヘクタールもの森林が消失したといわれていますが、それはメキシコの国土よりも広い面積です。

　メディアの関心は熱帯雨林、特にアマゾン川流域やインドネシアの森林に集中していますが、カナダ西部のブリティッシュ・コロンビアからロシア東部にいたるまでの世界中の古代森林が絶滅の危機にあるということはあまり知られていません。すでに世界中で、80パーセントの古代森林が破壊されていると推定されています。アメリカでは、「古代木」の森は4パーセントしか残存していません。多くの生物の生活圏となってきたこの貴重な自然には、樹齢4,000年を超える古木も自生していますが、こうした森林は一度破壊が進むと再生は不可能です。熱帯に自生している多くの広葉樹も絶滅の危機に瀕しています。アフロモシア、マホガニー、チーク、イロコ、クルイン、サペリ等の樹木です。

　木材の消費量の増大が、森林破壊の主要な原因になっています。建築業界の旺盛な需要に応えて板材や合板を生産するために、熱帯産広葉樹であれ一般的な軟材であれ、おかまいなしに伐採されているという悲しい現実があります。森林破壊は、そこを生活圏とする無数の生物を絶滅の危機に追いやっているだけでなく、先住民族の生活をも追い詰めています。その上地球全体に、天災の危険性を増大させています。

　今のところ森林保護のための活動は、障害に阻まれあまり成果を上げていません。世界中の森林を侵食している不法伐採に対する法的規制も、あまり効果をあげていません。しかし私たち消費者のひとりひとりが、木材を購入する時には、再生可能な管理された造林地からの木材を購入するということを確実に実行するならば、それはかなり効果を上げることになると思います。特に熱帯産の広葉樹の場合は効果は明らかです。社会的、環境的に管理された造林地からの木材には森林管理協議会（FSC）のマークが入っています。この団体は、世界中の森林を調査し、地域の経済的必要性と環境保全との調整を計ろうとしている世界組織です。その他にも世界的組織があり、大きな家具製作会社や住宅メーカーに、管理された造林地からの材木を購入するよう勧めています。家具メーカーの世界的な組合組織イケア（IKEA）は最近このような勧告に従うことに同意しました。

魅力を活かす方法

木

上　露出した木の梁と根太が、レンガの壁、アルミニウムと木の階段とともに生き生きとしたコントラストをつくりだしています。

右　日本の障子、黒っぽい色で染色した柱やまぐさ、住む人の東洋志向が随所に表現されています。

　木の魅力を活かす方法は無限にあります。レンガや石で造られている家の中でも木は全体を統一する中心的な役割を果たすことができます。梁、床の根太、間柱、階段、さらにはドア、窓枠、繰り形、キッチンや洗面所の作りつけの収納棚など、木は家の各方面で活躍しています。しかし多くの場合、こうした平凡な場面で木という素材に目がいくことはあまりありません。木は別の目立つ素材のための脇役的な存在に甘んじているようです。しかしこうした場面でこそ木の本当の魅力を発揮させることができます。他方、木はフローリングや壁材として使われるとき、主役としてその魅力を積極的に発揮します。

木のフローリング

　寸分の狂いもなく正確な直線で接合され、少しも冷たさを感じさせない木のフローリング、というのが現在のインテリアの最も好まれる定番になっています。木のフローリングが好まれるのには多くの理由があります。まず、木は単調さや味気なさを感じさせずに空間を統一する力があります。そしてどんな場所でも、足元に木の存在があるだけで人は安心感を覚えます。また色合い、サイズ、価格が豊富に揃っています。さらに木には自然にそなわっている「癒しの効果」があります。模様や木目は目を楽しませてくれますし、ときにはぎしぎしと優しいきしみ音を奏で、ワックスをかければ熟れていきます。木は都会的デザインであれ、鄙びたデザインであれ、それに敏感に反応する感受性を備えています。

　木のフローリングには生き生きとした躍動感がありますが、それはただ木目の面白さから生まれてくるだけではありません。1枚1枚の縁甲板がつくりだす繰り返しのリズムがそれを生み出しています。古いテラス・ハウスなどでは縁甲板は下の根太に対して直角に張られ、目地は横壁から横壁へと走っていて、家の前方から奥へ走っているものはほとんどありません。しかし最近の木のフローリングはもっと自由に張られています。部屋の長手方向に張られ奥行きを強調したり、時には対角線方向に張られ独特の躍動感をつくり出したりしています。

　幅の狭い縁甲板を張ったフローリングが人気がありますが、幅の広い板にすると優美で落ち着いた雰囲気になり、これも最近人気が高まっています。細く短い板を寄せ木張りにしたフローリングには多くのパターンがあり、精巧な印象をあたえます。一般的なパターンは、矢はず敷き（ヘリングボーン）や篭目織り（バスケットウイーブ）です。これの対極にあるものが、広い単板のシートを張ったもので、継ぎ目のない床に似たとても魅力的な床ができます。またフローリングをそのまま延長させ、屋外のデッキと一体化することもできます。

魅力を活かす方法 33

魅力を活かす方法

木

他の素材で床を張る場合と同じく、木のフローリングも乾燥した下地床の上に張るようにします。リフォームの場合既存の床板の上に合板やハードボードを重ねて水平を確保し、その上に張っていくのが最適でしょう。コンクリートの下地床の上にもフローリングを張ることはできますが、その場合は弾力性があり湿気を遮断する素材をコンクリートの上にかぶせ、その上に縁甲板を張るようにします。フローリングのタイプによって作業の複雑さはかなり異なってきます。長い無垢材を張るフローリングは年季の入った職人さんでなければできません。複合フローリングと呼ばれる合板の組み合わせでできている簡易型のフローリングでしたら、器用な人は自分で張ることができるでしょう。

無垢材のフローリングの施工法には「隠し釘打ち」と「浮き床式」の2通りの方法があります。隠し釘打ちの方法は、板の側面から釘を斜めに頭が沈むまで打ち込み下地床に固定

上　硬材の縁甲板を張った屋外のテラスです。年に一度こすり洗いをする程度でそれ以外の特別な手入れはほとんど必要ありません。

左　木の仕上げ処理にはさまざまな方法があります。強い光沢のペイントは耐磨耗性を強め表面を滑らかに保ちます。

していく方法です。浮き床式はさね継ぎ加工をした板を順に噛み合せていき周縁部だけを固定する方法です。ウッド・ブロックなどを使った木のフローリングには、下地床に接着剤を用いて固定する方式のものもあります。どの方式の場合にも湿度が高くなり板が膨張した時のために、床の周縁部には少し隙間を持たせておきます。だいたい1.5cmが目安です。この隙間は木の繰り形などを成形したもので隠しておくと良いでしょう。

　階段のけ込み板や段板に無垢材を使ったものはわりと多くありますが、壁に固定した瀟洒な金属製の桁に無垢材の厚板が片持ち状に支えらている階段、あるいはすっきりとした金属のフレームに段板がディテールも美しく固定されているような開放的な階段は、ドキッとするほど魅力的です。

左　合板のすっきりしたラインがとても現代的です。もちろん人を傷つけないように処理されています。合板は床材としては最も安価で耐磨耗性があります。

上　ディテールの美しい現代的な木の階段がスチールの枠に支えられています。息を呑むほど印象的です。

右　黒色のウェールズ・スレートの天板とオイル加工したアメリカン・ウォールナットの床板が互いにひきたて合っています。

魅力を活かす方法

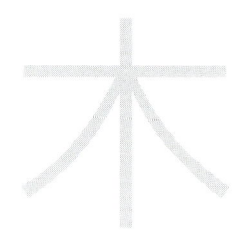

木

上　水はけ用の溝を彫った無垢材の調理作業台がキッチン中央に置かれています。どっしりとした厚みからは安定感とともに豪華さが感じられます。

下　木はキッチンのあちらこちらで活躍していますが、ここでは少し変わったアレンジをしています。カウンター、ダウンライトが埋め込まれている天板、流し台のはねよけ板はどれも合板でできており、それらをカウンター奥の無垢のカエデ材の背板が統一しています。

木のカウンター

　木はキッチン、バスルーム、書斎などに置く備品の天板、カウンターとして最適な素材です。耐磨耗性に優れ長持ちし、取り付けが簡単で、手触りもよく外見もきれいです。

　無垢材のカウンターには一般的にブナ材やオーク材などの硬材の心材が使われます。色は白っぽいものから温かみのある豊かな色合いのものまで豊富にあります。広いカウンターが欲しい時には2枚の板を接ぎます。材木店にはいろいろな幅のものが用意されています。標準的な厚さは2.5cmを少し超えるくらいです。2枚重ね合わせるとかなり豪華に見えます。また壁から突き出すように固定したり、カップボードの上に載せたりする時には、よく似合う木の繰り形を接合部にはめ込むと見映えが一段と良くなります。

　無垢材のカウンターの表面はラッカーやオイルで仕上げます。オイル仕上げをしておくと光沢が長持ちし、撥水性が生じてシミができにくくなります。とはいっても長い間水に濡れたままにすることは避けましょう。

木の壁仕上げ

　板を張って壁を仕上げる様式はかなり昔からありました。ヨーロッパでまだ樹木が多く産出され値段も安かった時代、ほとんどの家が内壁を木で仕上げていました。石やレンガで造った家の内壁を木で覆うと、寒さや湿気が家の中に入ってくるのを防ぐことができ、また暖かさや安心感といった心理的な効果を得ることができます。これは昔も今も変わりありません。

　昔の壁仕上げは、縦かまちと横木を壁に固定して枠を作り、その間に幅の狭い薄板を張っていくという方法が一般的でした。18世紀以前は主にオーク材などの硬材が使われていました。カーテンのひだに似せて板を張っていき、ひだ模様に仕上げる装飾的な方法もこの頃行われていました。また通常は板の上から塗装が施されていました。18世紀になると、軟材が主に使われるようになりました。壁のデザインとしては、親しみ深い古典的な比率に従ってコーニス（軒）、腰羽目、幅木によって壁を区分するというのが一般的でした。その後ロココ様式の影響を受け、コーニスや幅木に流れるような曲線が取り入れられるようになりました。

　とはいえ民家ではやはりシンプルな仕上げが一般的でした。支柱を渡し、今で言う「さね継ぎ」、「しゃくり継ぎ」の方法で軟材の板を張っていました。壁と天井は同一の方法で張られ塗装が施されていました。19世紀になると、一般的な家でも地下室、トイレ、廊下等の壁も磨耗や破損に耐えられるように処理をして木で仕上げられました。

　古い様式の壁仕上げにすると当然のことですが時間の感覚が室内にもたらされます。木に囲まれた部屋に居ると心が落ち着き、抱かれているような感じになります。古い屋敷の書斎がその良い例です。マツ、サクラ、トネリコ、マホガニー、オークなどを使った18世紀から19世紀初頭スタイルの壁仕上げを専門

上　木の美しさを全面的に活かした家です。壁も天井も同じ幅の細い板が張られています。石灰塗料の仕上げが船の甲板に立った時のような爽やかな風を運んできそうです。

にしている業者がいますが、彼らに依頼すれば一緒に暖炉や食器棚、書棚等も作りつけでつくってもらうことができます。いうまでもなく費用はかなりかかりますが、出来上がった部屋は田舎の司祭さんの部屋というよりも、企業の取締役会が行われる部屋を連想させる豪華なものになるでしょう。

現代風の木の壁仕上げには簡易的な方法がたくさんあります。腰羽目板用にさね継ぎ加工され組み立て式になったものが最も一般的です。またバスルーム用等、使う場所に合わせて表面処理してあるものが用意されています。このような壁仕上げ板材は「木のあじわい」を活かすため板の目地を潰さないように丁寧に塗装されています。その他既製品の壁仕上げ板材にはいろいろなものがあり、少し器用な人なら張ることができますが、本物の木の壁仕上げは釘や接着剤で固定する方法ではなく、すべてさね継ぎ式になっています。そのため湿度に応じて板と板の間が調節されます。こうした本格的な壁仕上げは職人さんの腕の見せ所です。

左　あるファッション・デザイナーの部屋の一画です。しなやかさを感じさせる合板のパネルが静かで触感溢れる背景をつくりだしています。

下　壁もドアも竹材で覆われています。竹の節が波紋のようです。黒っぽい色に染色された床のフローリングと一体となって日本の古都を偲ばせます。

魅力を活かす方法

木

上　荒々しさの残る厚板が窓に斜めに据えられ、独創的なルーバーとなって光を濾過しています。

下　ロフトを改造したこの部屋の主役は、以前からあった剥き出しの梁と実用性に富むチップボードです。

　節目の多いマツ材は、厚板、薄板を問わずアメリカの住宅では壁仕上げによく使われています。特に書斎、居間、レクレーション・ルームなどに使われます。豊潤な暖かい色をしたアカスギ材で壁仕上げをすると、素朴で飾らず、しかも豊かさを感じさせるインテリアが出来上がります。音を吸収する性質がありますので、娯楽室やリラクゼーションの部屋には最適の素材です。

　木の大きなパネル、特に美しい硬材の合板をつなぎ合わせたパネルは、無地の漆喰の壁を背景にしたとき鮮やかな色を塗ったように見映えがします。漆喰と木の素材の対比がそれぞれの素材に深みを与え質感の違いを際立たせます。この方法は広いオープン・スペースを活動目的に合わせて区分する時、たとえばリビングとダイニングに分けるようなときに、特に効果的です。またベッドの頭側の部分を木のパネルで高くして空間を仕切るようにしても面白いでしょう。さらに天井までの高さのスライド式の木のパネルで収納棚を隠すようにしたり、可動式のパーティションを作るという方法もあります。

木の設備と備品

　木は書棚やキッチン・ユニット、洗面化粧台、作りつけの収納棚など、さまざまな住宅設備に用いられます。オークの無垢材を使ったぴったりと嵌った特別注文のキッチン・ユニットからカバ材やブナ材の薄い単板を貼った安価な明るい感じのユニットまで、質も価格もさまざまです。

このようにまったく実用的な形で使われている時、木はほとんど自分自身の成功の犠牲者になっているようです。というのはあまりにもぴったりとその場所に馴染みすぎて、素材の美しさが目立たなくなっているように感じられるからです。しかしちょっと工夫を加えるだけで木の美しさが引き立つようになります。ほとんどの木の棚板は全体のデザインのなかで自己主張せず、またしばしば壁と同じ色に塗られています。そこで思い切って無垢の厚板を水平に長く伸ばし壁に片持ちさせる形で棚を作ると木が印象的に浮かび上がります。別の方法としては、樹皮を剥いだままの線を残した厚板を使ったり、逆に角の取れた再生木材を使うという手もあります。同じように荒削りの表面を持つ厚板や、再生木材、枕木などを使って踏み台、テーブルの天板、ベンチなどを作り、それらを置物としてではなく実際に活用すると、木という素材の魅力がインテリアのなかで活かされます。「安っぽい」木材と見られている合板も同じような方法で実用的な美しさを引き出すことができます。

上　無垢材でできた飼い葉桶に似た洗面器、日本のお風呂にも似ています。水漏れしない独特の技術を持った職人さんによって作られています。

右　自然なままのほとんど加工していない木材はインテリアに力強さをもたらします。精悍な厚板の載っている金属製の枠は足場を使用しています。

次ページ上　浴槽の外周を被っている細板は無垢の硬材です。

次ページ下　壁がんの内部は暖色系の単板で仕上げられ、オブジェのための背景となっています。ダウンライトが効果的です。

あまり知られていない使い方ですが、木で洗面器、バスタブを作ることもできます。日本のお風呂のような浴槽はミニマリストのデザインでは重要なアイテムになっています。日本式のお風呂は浸かってリラックスするためのもので、そこでは石鹸で身体を洗ったりはしません。最も適した素材はヒノキ材で、これは香りもよく除菌効果もあります。ブナ材やカバ材を使った洗面器、浴槽もあります。木の洗面器や浴槽はかなり高価で、特殊技能を持った専門の業者しか作っていません。万一家具製作所にこれらのものを依頼する時には、必ず接合部はしっかりしているかどうか、水漏れがないかを確認するようにします。木の浴槽は木が乾燥して裂けるのを防ぐためいつも水を張っておくようにします。

木の仕上げ面

　木の美しさは表面の生命感、木目の美しさ、自然なぬくもりなどからもたらされます。もちろん木はペイントで塗装されることもありますが——軟材の住宅設備や備品に塗装を施すことは必要なことです——素材本来の美しさを強調する仕上げのほうが満足できるでしょう。良質の硬材の場合は防水のためのシーリング加工以外には何も手を加えずそのまま使えます（次項「手入れと維持管理」参照）。一方軟材の場合は、塗装によって明るくしたり暗くしたりすることによってそのデザイン的な価値を高めることができます。

木は石灰塗料を塗ったりある種の薬液につけたりすると古色を帯び、古びて風化したような美しさが出ます。シリー・モームやエルジー・ド・ウルフなどの20世紀初頭に活躍した華麗なデザインを得意とするデザイナーたちは、薬液処理をして白っぽくしたオーク材などを好んで使いました。しかし最近では石灰塗料はマツ材のオレンジ色があまりきつ過ぎるときにそれを抑えるために使われるほうが多くなっています。石灰塗料やその他の白っぽい塗料を薄く木目を撫でるように塗ると独特のあじわいが得られます。

木は吸水性があるので染色することができます。染色剤には水をベースにしたものとアルコールをベースにしたものの2種類があり、色も木の色合いを残すものから原色のものまであります。仕上げ塗りという点から言うと染色がペイントよりも優れている点は、それが木目の美しさを消さないということです。軟材に黒っぽい色の染色を施すと硬材と変わらない風格が出ます。

木の手入れと維持管理

木は素材の美しさを保つためには相応の手入れが必要です。大敵は湿気で、最悪の場合木は腐ってしまいます。木材用のシーリング材、オイル、ワックスなどを塗って湿気が表面から木の中に入るのを防ぎます。それは化学薬品やシミに対して木を防護することにもなります。

木のフローリングはほとんどシーリング加工されていますから、特別な手入れは要りま

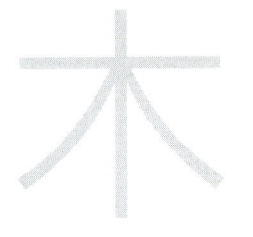

魅力を活かす方法

左　矢はず敷き（ヘリングボーン）の床が無駄を削ぎ落とした現代的なインテリアに力強いリズムをもたらしています。

右　18世紀に建てられたスウェーデンの農家の一画です。木の階段、白亜色に塗装された板壁と引き回し細工の手すり、すべてがシンプルな触感に満ちています。

せん。硬材のフローリングの仕上げは昔から桐油で行ってきました。桐油で仕上げをしているフローリングにはワックスをかけておきます。柔らかな光沢が出て傷がつきにくくなります。ワックスがけはワックスの残り具合によりますが年に2回は行うようにします。人が多く行き来する場所や、キッチン、バスルームなど湿気の多い場所では、ラッカー仕上げがお奨めです。保護効果が強く長持ちします。

　仕上げ処理がされていない木材を使用している時には——古い木材の表面をサンダーなどで削った時も——数回シーリング材を塗る必要があります。シーリング材は固まるまで少し時間がかかりますので、重ね塗りをする前に表面をサンドペーパーで軽く磨いておくと良いでしょう。シーリング材は組成、耐磨耗性、色合いなどに応じて各種販売されています。床などの表面に直接塗る前に、その色合いや質感を木片で確かめておきましょう。合板やコルクも定期的にシーリング材を塗布する必要があります。

　木材用シーリング材の多くはポリウレタンからできており、かすかに黄色っぽい色をしていますが、時がたつにつれ色が濃くなっていきます。また眼に入ったり手についたりすると炎症を起こす可能性もあります。水溶性のシーリング材よりも溶剤をベースにしたシーリング材のほうが毒性が強く炎症を起こす可能性が高いようです。塗る時は部屋の換気を良くし、手袋やマスクをするようにします。

　毒性のない水溶性のアクリル・ワニスやその他天然の自然に優しいタイプのシーリング材も多く発売されています。これらのシーリング材は先に述べたものほど被膜が強くないため、ワックスがけを年に3回から4回する必要があります。

　次は木の表面につく埃ですが、埃が固まったり微小な砂粒が表面を傷つけたりするとそこから水分が入り込む可能性があります。定期的に掃除機をかけ乾拭きします。すすぎの必要がない中性洗剤を少量布に含ませて拭くのもよいでしょう。

上　屋根裏の寝室に差し込む光を白い木の床が存分に受け止めています。傾いた天井の板は合板です。

　人の行き来によって磨り減っていく以外に、木は特に女性のハイヒールの靴底や家具の脚などの細い先端に傷つけられやすいものです。ハイヒールは床に簡単にきずをつけます。特に軟材の床の場合はそうです。シーリング材の被膜を剥いでしまうため、そこから埃と水分が板に沁み込んでいきます。小さなきずの場合はサンダーなどで磨きシーリング材で補修することもできますが、あまり激しい場合には全面的な補修が必要になります。ここで注意点ですが、フローリングが複合フローリングで合板の上に薄い単板を張ったものはサンダーで磨くと下地が現れてきますから気をつけましょう。

　手入れや維持管理がほとんど必要ないタイプのフローリングを望む人に最適なのが、ラミネート・ウッドのフローリングです。高圧で張り合わせしたものですが毎日モップをかける程度の手入れで済み、ハイヒール、家具の脚、さらにはタバコの灰など、ほとんどのダメージに耐えられます。以上耐磨耗性を取るか本物の良さを取るかは住む人の好みの問題です。

　木のカウンターは軽く湿らせた布で拭く以外には特別な手入れは必要ありません。小さな引掻ききずくらいでしたら専用のオイルで軽く皮膜をつくる程度で取れます。表面がかなり傷ついた場合にはサンダーで磨き再度仕上げ塗りをします。

石

左　石のフローリングには悠久の時間を感じさせるものがあります。階段の黒御影石の表情には時間を超越した美しさがあります。

右　床はすべてポルトガル産の美しい石灰岩を使用しています。この石は豪華さと現代的な冷たさの両方を兼ね備えています。水車の外輪に似た省スペース型の階段の段板も石灰岩です。

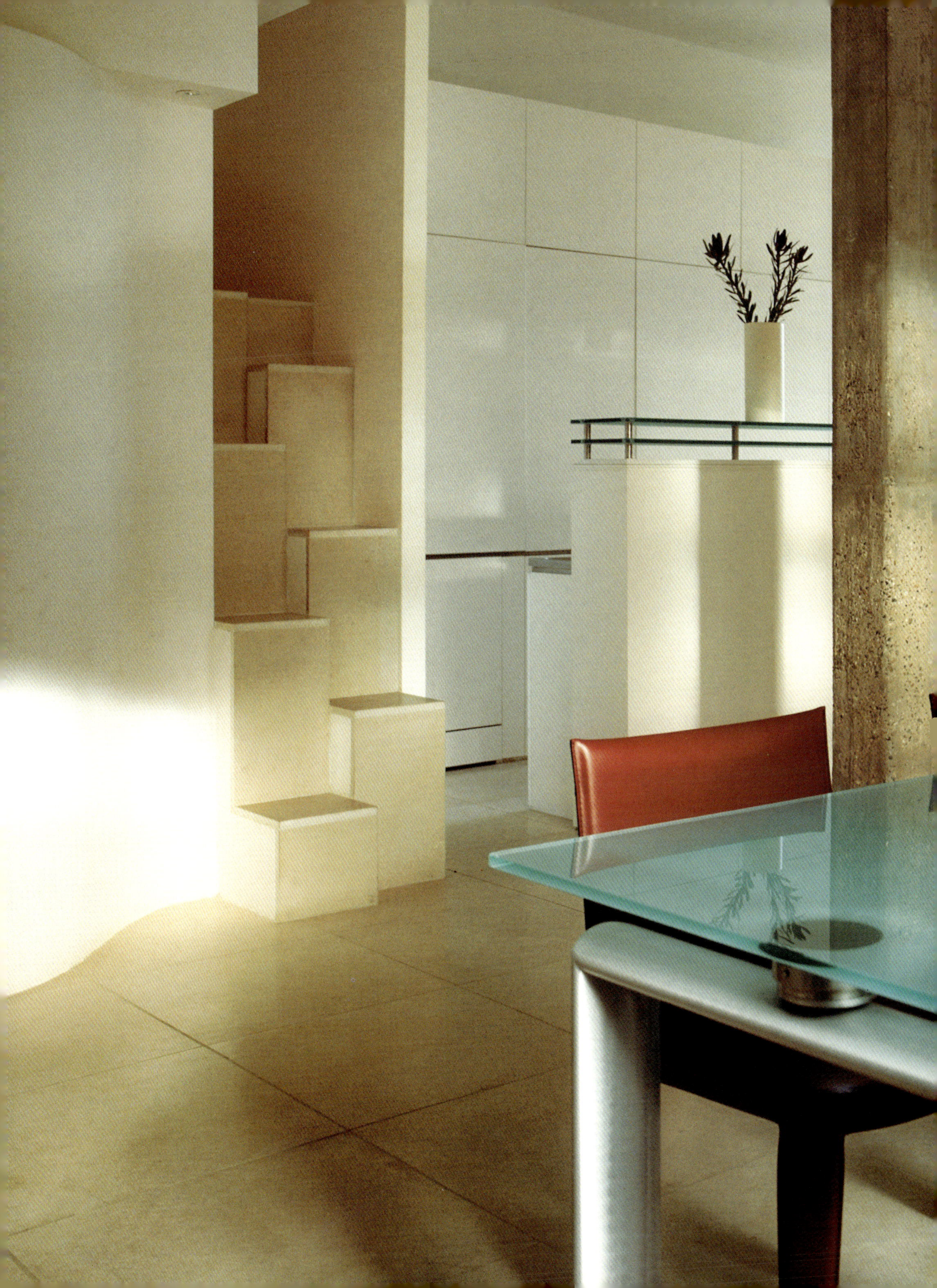

右　ミニマリストのデザインによく応えて石は純粋さと歴史性を表現しています。床に張られたイタリア産石灰岩の厚板が室内と屋外を1つの継ぎ目のない空間として結合しています。

　石には耐え抜く力があります。石は重量感と存在感をもっています。石は遺跡のもつ悠久の時間をインテリアにもたらします。石を用いたデザインには抑制された力がこもっています。石は簡単に模様替えに使える素材ではありませんが、この素材には最も深い地点からインテリアを統一する魅力が潜んでいます。

　石がどのようにして地球の最深部から現れ、さまざまな魅力を持つに至ったかをここで長々と地質学的に説明することは無駄でしょう。石にも歴史の古いもの新しいものがありますが、どれもその起源は地殻が形成される地球的規模の運動にまでさかのぼります。溶岩流が冷えて出来たもの、川や海の沈殿物が変化したもの、高熱や高圧によって独特の構造になったもの、結晶になったものなど、石が造られる地質学的過程はさまざまですが、その様子は石の豊かな表情や特性の中に暗示されています。

　石も自然素材に変わりありませんから、時とともに風化し朽ちていきます。しかし他の素材と違ってそれには大変長い時間がかかります。最も柔らかい石を使った床でも、数百年にわたって人が踏みしめ続けなければ磨滅が目に見えるようにはなりません。人間の寿命と比べるとき、石は不変の物質のように思えます。そのためピラミッドやストーンサークル、ギリシャの神殿、トレサリー模様の窓を持つゴシック様式の寺院など、石は人類の歴史を通して神聖なる建物の建築材料として使われてきました。建

築史家の中には、多くの古代文明において宗教的に中心的役割を果たした建物は、宗教的観念を永遠の形にあらわすことができる素材である石が多く産出される場所の近くに発見されている、と書いている人もいます。

　また一方ではその堅固さと火などの攻撃に対してよく持ちこたえるという性質から、石は城、要塞、堡塁、砦などの戦争用建造物の建材として用いられてきました。他の素材に比べ石は大きな荷重に耐えられるため、石造建築物には宗教的なものから政治的なものまで巨大なものが数多くあります。

　石は世界中どこにでも存在している素材ですが、あらゆる場所で手にいれることができ使用できるといった素材ではありません。たとえばイギリスではさまざまな種類の石があまり距離が離れていない場所から産出されますが、それらは少し前まではカテージや納屋などその狭い地方の民家のためだけに使用されていました。石灰岩でできた民家が多い町や村を地図に記していくと、それはポートランド岬近辺から始まり、コッツウォールズを通ってヨークシャー州のハンバー地方とクリーブランド丘陵にいたる石灰岩の細長くカーブした地層を正確になぞることになります。石の運搬費用がしばしばその採掘費用を上回るということを考えるならば、これはそれほど驚くことではないでしょう。

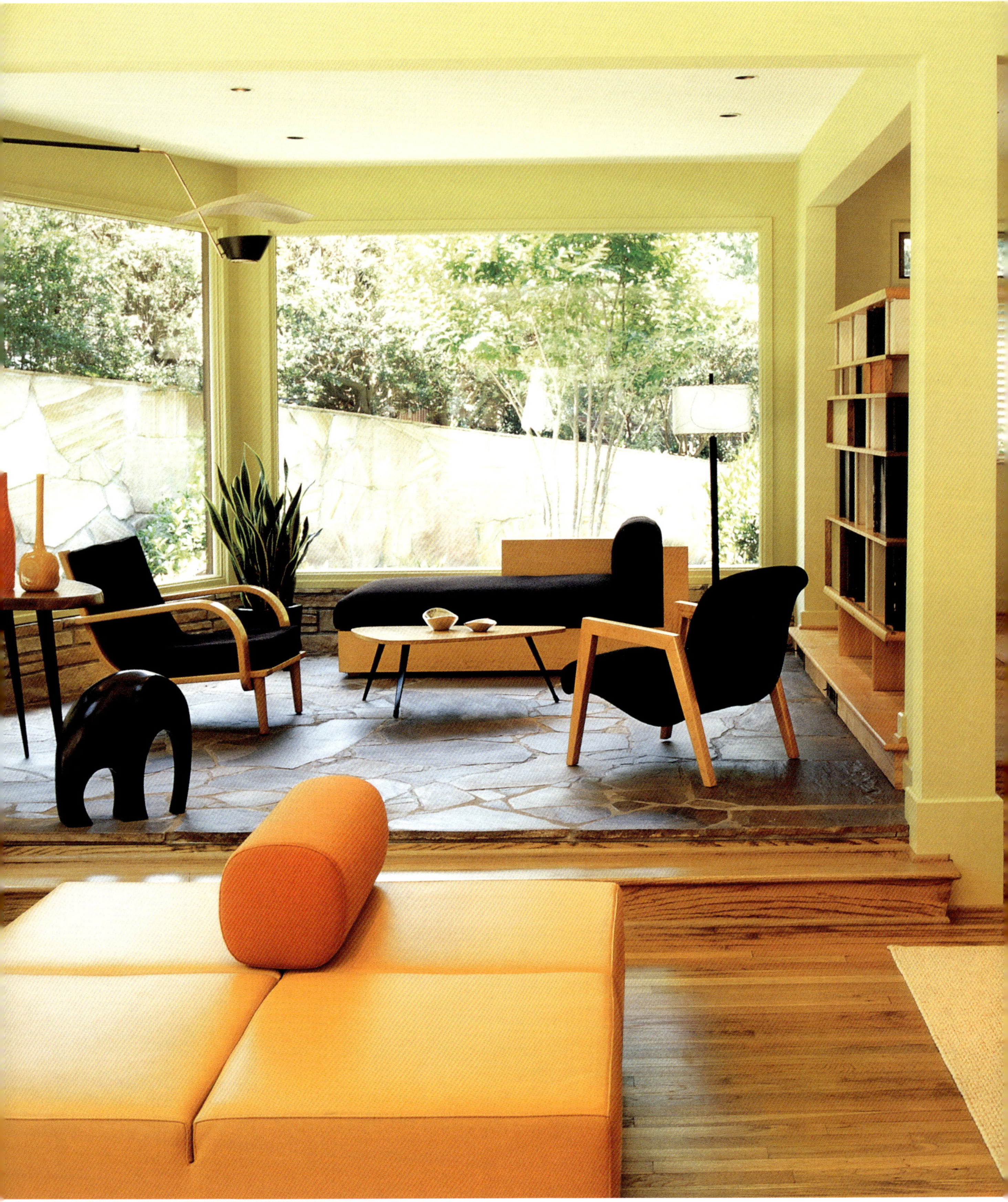

左　さまざまな形をした板石のフロアーがリビングの一画を独特な空間にしています。隣接する硬板のフローリングと効果的な対照関係をつくっています。

　石を切り出し、運搬し、加工する過程は、大変多くの時間と費用と労力を必要とします。機械が導入されいくらか改良されましたが、それ以降目立った進歩はありません。軟石や自然石のように地中から掘り出しそのまま使うことができる石は、世界中どこでも貧しい民家の主要な建築材料になりました。これにたいして上流階級の間では、正確に切削され時間をかけて精巧に彫刻を施された石は富と地位を象徴するものでした。特に18世紀には新古典主義の隆盛と呼応して、石が地位の象徴として大変もてはやされました。当時既存のレンガの建物の上から石をかぶせて石造に見せる方法が、建築の一様式として、また社会的地位を誇示する方法として流行しました。これ以外にももっと安上がりの方法として、セメント、プラスター、スタッコなどの身近な素材で石造り風に見せる方法も広く行われました。

　このような歴史的背景のなかで石と人との文化的関係の多様性が生まれてきました。一方では石は自然の荒々しさを表現しますが、他方では高貴なもの、神聖なもの、洗練されたものを表現します。石が多様な意味を表現できるということも、石の持つ魅力の1つです。あなたが表現したいと思っている美しさを表現できる石が必ずあります。粘板岩やヨークストーンは田舎の小さな教会や民家の素朴な佇まいを思い出させます。磨き上げられた大理石は宮殿の豪華さを彷彿とさせます。白く冷たい石灰岩は都会的な研ぎ澄まされた印象を持っています。石ほど色や表情を多様に持ち感性を刺激する素材はありません。石といえば一般的に白っぽい色、またはくすんだ黒い色と単純に表現されますが、よく見るとどの石にもその中に黒、青、紫、オレンジ、緑、深紅色、黄金色などさまざまな色が混ざっています。また質感も、孔の多くあいているもの、砥石のようなもの、砂粒状のもの、ガラスのように滑らかなものなどさまざまです。また表面の模様も、まだら、筋状、斑点、流紋、結晶幾何学模様まで多彩です。さまざまなイメージを喚起させるこのような石の魅力は、木、ガラス、金属などとともに置かれると、たちまち共鳴をはじめ、おたがいの魅力をさらにひき立てあうようになります。

　建築材料以外にも石はインテリアのなかで多方面に活躍しています。最も多く見られるのが、階段の段板や庭の舗装も含め床の素材としてですが、それ以外にも壁や炉縁を覆う素材として、またキッチンの調理台のようなカウンターとして用いられています。最も表現力を発揮する（そして石が最も得意とする）場面は、バスと化粧室です。他の素材同様に石も多孔性、耐磨耗性、表面の質感などに応

50 石

左　黒御影石の洗面器と棚がバスルームに存在感をもたらしています。ドアはサンドブラスト加工のガラスでできています。

右　深い黒、しっとりと濡れているような表面、粘板岩（スレート）の壁が浴室のチーク材の床、緑色のセラミックタイルのための優美な背景になっています。

じてそれぞれにふさわしい場所があります。石を選ぶときのもう1つの重要な要素は、板状にした時に上からの荷重にどの程度耐えられるかという点です。たとえば粘板岩（スレート）はかなりの荷重に耐えることができ階段の段板などに最適ですが、反対に大理石のように結晶を多く含む石は割れやすく向いていません。

　実用的な観点からみた石の特徴としては、硬い、冷たい、重い、という点が挙げられます。そして硬い、へこまないという性質からは、音を反響させやすいという性質が出てきます。また床材としては石には妥協しない厳しさがあります。物を落とすと必ずと言って良いほど物を壊してしまいます。石の冷たさは暑い地方では歓迎される要素ですが、温暖な地方ではそれほど重要な要素ではなくなります。また石はかなり重量があるため、それを据える前に必ず据える場所を調査し、土台、骨組み、下地床などがその重さに耐えられるかどうかを確かめる必要があります。石は強固で変性しにくいもののように見えますが、決して手入れが不要な素材ではありません。多くの石がシーリング材を塗っておく必要がありますし、特殊な溶液や洗剤で洗う必要もあります。

　石をインテリアに用いるときに考えなければならない重要な要素の1つに、値段の高さがあります。石は決して安い買い物ではありません。石の値段は種類によって、まあまあ高価なものというくらいのものから天文学的な値段のものまでさまざまです。再生石材や古い石材は時には新品よりも安い場合もありますが、アンティークな石畳用石材や板石はだいたい新しいものよりも高価です。さらに石は施工費用がかなりかかります。石の値段と同じだけの費用がかかる場合も多々あります。石を敷いたり壁に張ったりする仕事は素人には無理です。経験をつんだ職人さんだけが素材としての石の美しさを妥協を許さず表現することができます。

　石をインテリアの素材として使うためには相応の費用と時間がかかります。しかしふさわしい石がふさわしい場所に置かれるならば、それは悠久の時の流れ、流行に左右されない輝き、地球の創世にまでさかのぼる歴史性をインテリアにもたらしてくれるはずです。

石

種類

上　コンクリート製の螺旋階段のなかで粘板岩がひときわ美しく見えます。

　世界各地からさまざまな種類の石が産出され、どの石も独特の色、紋様、質感を持っています。石はその地質学的形成過程によって、火成岩、堆積岩、変成岩の3種類に大別することができます。

　火成岩は最も古い時代に形成された石で、数10億年前地球が冷え地殻が形成される過程で出来た石です。マグマや溶岩が冷えていく過程で多くの成分が結晶化し、火成岩の特徴である斑点模様ができました。御影石（グラナイト）は最もよく知られた火成岩ですが、もともとは地底の深い場所にあった岩石です。玄武岩は溶岩が地表に到達し瞬間的に凝固したもので、粒子が細かいのが特徴です。火成岩は他の岩石にくらべ非常に密度が高く、そのため摩滅しにくく滑らかに研磨することができます。

　堆積岩は地質学的に火成岩よりも新しい年代の岩石で、川、湖、海、氷の底にさまざまなものが沈殿し地層となって固結したものです。砂岩は他の岩石や鉱物の微粒子が堆積し、それに強い圧力が加わって固結したものです。石灰岩も堆積岩の一種ですが、形成過程には2通りあります。大部分を占めるものが生物的石灰岩で、貝、生物の骨や殻、軟体動物や珊瑚などの海洋生物の分泌物、さらには植物などが集積して出来たものです。もう1つのタイプの石灰岩は非生物的石灰岩で、石灰質物質が堆積して固結したものです。堆積岩は火成岩よりもかなり柔らかい岩石です。

　最後は最も年代的に新しい岩石、変成岩です。変成岩は岩石が地殻の変動、山脈の形成過程で極度の高温、高圧に曝され化学的に変化したものです。変成岩の代表的なものが大理石で、石灰岩やドロマイト（白雲石）が変成したものです。もう1つの代表的なものが粘板岩（スレート）でこれは非常に硬いのが特徴です。

　以上おおまかに岩石を分類しましたが、留意点がいくつかあります。まず最初は、石の名前は通常それが発見された場所にちなんで付けられるということです。そのため名前だけではそれがどの種類の石か判らないということになります。次に、すべての岩石が地質学的に正確に区別できるわけではないということです。たとえば石灰岩と砂岩はかなり似通った性質を持っています。石は同じ種類の石でも産地によってかなり異なっています。採石場が違えば外見がかなり違ってきます。同じ採石場の石でもまた違っています。このように石は変化に富んでいるため、私たちはそれを眺めるたびにこの石はどのような過程で形成されたのだろうかと、遥か地球創世の時代まで思いを馳せるのです。

下　大きな石灰岩のタイルが壁、浴槽、床と狭い空間を見事に統一しています。

御影石（グラナイト）

　信じられないほど強く、緻密で、硬い。御影石はあらゆる石のなかで最も堅固な石です。世界中に分布していますが、主な産地はノルウェー、フランス、スコットランド、イギリスのデボン・コーンウォール、ウェールズ、アイルランド、カナダ東部、そしてアメリカ北東部の山脈地帯です。どの産地のものも斑状の模様を持ち滑らかに研磨することができます。また摩滅することも色あせることもありません。御影石は全くといって良いほど傷つきにくく、空気汚染に影響されず、水による浸食もありません。このような強さを持っているため御影石は縁石や敷石など人が頻繁に通るところに用いられます。

　御影石の表面に見える斑状の模様や結晶は、長石、雲母、石英などからできています。長石はピンク、灰色、赤などの特徴的な色を出し、雲母はきらきらと輝き光を反射します。この石はどの部分をとっても同じような模様をしていますから、あまり多用すると厳しすぎる感じがします。しかし少ない量を鮮やかなコントラストをつくるように使うと、インテリアに絵画的な要素が加わります。

　御影石は家庭用としては、床や壁に張るタイルの形で、寸法、厚さの異なるものが各種揃えられています。また調理作業台やカウンターの天板用として厚く広いものもあります。御影石を床に使うときは、ピカピカに磨かれたタイルを使うよりも荒め仕上げの敷石用を使うか、大きな厚板を荒め仕上げで使うほうが良いでしょう。屋外に使うときも同様です。御影石の厚板はかなり高価です。タイル状のものはそれにくらべ安価でわりと気楽に使うことができます。

上　御影石は砥石磨きにすると暖かみが出ます。

色調の強さとくっきりとした斑点模様が御影石の特徴です。
（1）ニアブラック
（2）ブルーグレイ
（3）リッチブラウン
（4）ディープグリーン
（5）ピンク
（6）ゴールド
（7）グレイ

大理石（マーブル）

　大理石は石灰岩が非常な高温、高圧で結晶化したものですが、その透明な美しさは比類のないものです。大理石は世界中の山脈地帯から産出されますが、最も美しく純粋さが感じられるものはイタリア産のものです。その貴重さと磨き上げた時の光沢の美しさで、大理石は古くから人々の憧れの的でした。

　純粋な大理石は白色に近い色をしています。酸化鉄などの鉱物が混入していることによって、緑、ピンク、赤、茶、黄金、黒などの微妙な色合いが生まれます。色と同時に模様も大理石の魅力の大きな要素です。割れ目、裂け目、筋状紋、柔らかな雲のような模様などが大理石の深みと透明性を強めています。

　美しく、どのような場所においても見映えがすることから、大理石は床、階段、柱、暖炉、炉縁などあらゆる場所で用いられてきましたが、特に18世紀の新古典主義時代の建築にはなくてはならない要素でした。当時の人々の大理石に対する熱愛はとても強いもので、たとえ大理石で被われたイギリスの貴族の大広間が、イタリアのパラディオ式の別荘よりもひんやりとして健康に良くないということが証明されたとしてもその熱は冷めることはなかったでしょう。大理石が当時富と優雅さの象徴としてどれほどもてはやされたかということは、それほど富裕でない階級の間で模造大理石が盛んに使われたということからも判ります。

　しかし大理石は現在いくつかの問題に直面しています。本物があまりにも高価で現代のシンプルなスタイルのインテリアにあまり相応しくないという問題もありますが、同時に合成素材、リノリウム、ビニルなどで作られた模造大理石が大理石の美的な価値を低めているという問題もあります。問題の1つの側面は大理石があまりにも卑近なものになってしまったということです。もう1つの側面は、大理石風に仕上げられた模造品が見た目だけでは本物とあまり見分けがつかないということです。こうして今では本物の大理石を使ったとしても、その洗練された美しさが賞讃されることがだんだんと少なくなり、逆に軽薄な感じに取られてしまう可能性もあるという大きな問題が生じています。

　とはいえこのような事情があるにしても、大理石が自然素材のなかで最も美しい素材であることに変わりはありません。しかも最も高価な素材であることも。現在技術改良によって大理石はより身近なものになりました。薄く軽いタイル状のものができ、床や壁を昔

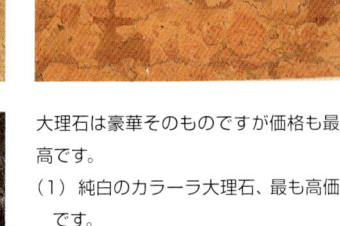

上　大理石の洗面器とタイルの高貴な組み合わせ。

大理石は豪華そのものですが価格も最高です。
（1）純白のカラーラ大理石、最も高価です。
（2）ローズ
（3）ダルゴールド
（4）ディープグリーン
（5）ラシット（朽葉色）

にくらべかなり少ない予算で覆うことができるようになりました。カウンターや壁のタイル、洗面化粧台などには光沢良く研磨された大理石が似合います。足元に使う大理石は砥石で磨いただけのものか、荒め仕上げくらいのものが滑らず実用に適しています。

粘板岩（スレート）

粘板岩は建築のさまざまな場面で活躍している石の1つですが、簡単に薄い板にすることができるという特性があります。それは岩石が変性する過程で雲母が独特な形に配列されたためです。板状に加工しやすいため、粘板岩は敷石、階段の段板、踏み石、屋根用のタイル、キッチンの棚、さらには水槽や飼い葉桶の素材としても使われてきました。最近のビルディングでは外壁を被覆する素材としても用いられています。他の種類の石にくらべ粘板岩は水平にしたときの強度が非常に強く、支えがしっかりしている場所ではほとんど割れることがありません。

世界で最も良質の粘板岩と認められているのはウェールズ産のものです。デボン・コーンウォールは古い歴史を持つ最も重要な産地です。ブルーストーンという名で知られているコーンウォール、デラボール村産の粘板岩は主に敷石に使われます。その他の産地としては、北アメリカ、スペイン、南アメリカ、インド、アフリカなどがあります。

建物のさまざまな場面で粘板岩が使われるのは、それが多彩な表情を持っているからです。表面の質感によって、ほっそりとした都会的な印象を生み出すことも、田舎風の雰囲気を出すこともできます。現代的な使用法としてはタイルや厚板があり、どちらも砥石仕

上　シャワールームで粘板岩が冷たい魅力を放っています。

上げで滑らかになっています。鋸を使わず、のみで割ったり裂いたりして成型したものを『割肌仕上げ』といいます。割肌仕上げの表面の不規則性も粘板岩の魅力の1つです。細く隆起した筋がついていたり端がギザギザになっていたりして、古い農家の持つ雰囲気を醸し出します。割肌仕上げのほうが鋸引きの厚板よりも分厚く幅が狭いものが多いようです。少し反っているようなタイルでも面白い効果が期待できますから是非使いたいものです。

粘板岩は硬く耐磨耗性があり水を通しませんから、室内同様に屋外でも使いたいものです。御影石や大理石、石灰岩にくらべ安価です。再利用の粘板岩でしたら新品の半額ぐらいで手に入れることができます。

粘板岩の魅力はその濃密な深い色です。インド産のものに多彩な色が多いようです。
(1) ディープ・ブルーブラック
(2) ダルパープル
(3) グリーン
(4) グレイグリーン
(5) 斑状紋
(6) シルバー

石灰岩（ライムストーン）

　石灰岩には外見、性質ともにかなり異なるさまざまな種類があります。御影石などの火成岩ほど硬くはありませんが、どの種類も悠久の時を感じさせてくれます。

　石灰岩は世界中に分布していますが、フランス産のものが最も上質と認められています。非常に硬く孔もあいていないため、敷石や床石に最適とされています。ブローニュ近郊からは白亜色やクリーム色のカーンストーンが採れます。そのほかフランス中央部、南部、

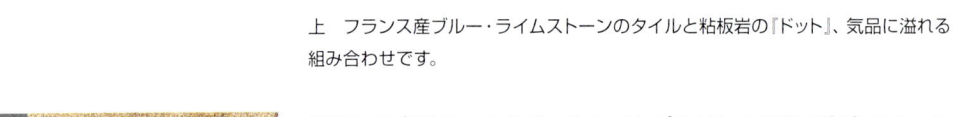

上　フランス産ブルー・ライムストーンのタイルと粘板岩の『ドット』、気品に溢れる組み合わせです。

西部から産出されますが、なかでもプロバンス丘陵が有名です。フランスはまたアンティーク石材の主な供給国でもあります。

　イギリスではなんといってもバスとコッツウォルドの石灰岩が有名です。柔らかな黄金色をしており、オックスフォード大学の校舎をはじめ別荘や農家などコッツウォルド地方の建物に広く用いられ

石灰岩は概して中間色をしています。
クリーミィーホワイト（2）、
ハニー、ゴールド系（3、4、5）。
ほとんどの石灰岩にはまだら模様、筋、斑点があり、海洋生物の堆積の跡も見られます（1）。
鮮明な堆積跡の例（7）。

石灰岩はフランス産が最も上質とされています。ポルトガル産がそれに続いています。最も高価なものはブルーまたはブルーグレイ系（5）で、その他グレイグリーン（8）、ビターチョコレート等の色があります。

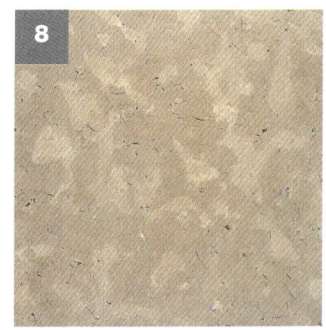

ています。そのほか乳白色のポートランド・ストーンも有名です。イタリアのトスカナ地方のトラーバーチンは多孔性の石灰岩で敷石によく使われます。イスラエルのヘブロン山地から採れるエルサレム石灰岩は美しい黄金色で有名です。

　石灰岩は古くから人々に親しまれてきましたが、それにもかかわらず現代的な雰囲気を持っています。おそらくその中性的な印象からくるのでしょう。ほとんどの石灰岩は明るく落ち着いた色をしています。石灰岩は大理石ほどに豪奢に見えず控え目ですが、それがまた現代のミニマリスト的なインテリアによく似合います。滑らかに良く研磨された石灰岩はクールでエレガントに輝いて見えます。

　石灰岩はおおむね白っぽい色をしており、薄いきつね色から明るい灰色までわりと狭い色域にあります。しかしブルー、グリーン、ビターチョコレート、ニアブラックなど、より強い色の石灰岩もあり、これらはかなり希少です。ほとんどの石灰岩には、まだら模様、筋、斑点などが組み合わさった優美な模様があります。また石灰岩の中には貝の化石を含むもの、海洋生物の沈殿の跡などが残っているものなどありますが、それらは眼を楽しませてくれます。

砂岩（サンドストーン）

　砂岩は石灰岩と同じく堆積岩の一種ですが、石英を多く含んでいるため石灰岩よりもかなり硬く、耐磨耗性に優れています。名前が示すように色も質感も砂を感じさせます。色は淡い黄褐色から深い赤褐色まで幅広くありますが、灰色のものもあります。板石、ブロック、敷石などの形で販売されています。

　砂岩の中で最も有名なものがイギリス、ヨークシャーから切り出されるヨークストーンです。氷結に強く、耐磨耗性に優れ、多くはざらざらとして滑りにくい割肌仕上げで出荷され、特に庭の敷石などに使用されます。近年大変人気が高まり量が少なくなってきています。

下　歴史の重さを感じさせる美しいヨークストーンの敷石。

砂岩は石灰岩よりもきれいに磨り減っていきます。舗装用の厚板や敷石として販売されています。砂の感じがそのまま残り、色は淡いきつね色から深い赤褐色まで多彩です。
（1）南フランス産
（2）イギリス西部産
（3）トスカーニ産

きます。最も良く使われる石は、御影石、石英、石灰岩です。御影石は黒っぽい色を、石英は明るい色を、そして石灰岩はクリーム色などの中間色を出します。玉石はほぼ同じ大きさに揃えられ販売されています。

玉石や丸石のモザイクは家の周りの小道、庭のアクセント、境界など主に屋外によく使われます。少し小さめの石を使ったモザイクは屋内のフローリングにも使われますが、これは時々石がはずれることがあります。

アンティークな古色を帯びた石

すべての自然素材は程度の差こそあれ時とともに古色を帯び、独特の深みと味わいを醸しだすようになります。時の流れのなかで摩滅し角が取れたアンティーク石が人々を魅了するのは至極当然のことです。多くの石は自然に古びた感じが出るまでには途方もない歳月が必要ですから、本物のアンティーク石が人工的に加工した石に較べ倍ほどの値段がするのも不思議ではありません。人が住まなくなった修道院、城、別荘などで使用されていた再利用石材は今ではだんだんと量が少なくなり値段も高騰しています。

アンティークな感じの石が欲しいがもう少し安価なものをという人のため、ほとんどの石には人工的に古びた感じを出しているものが用意されています（次項「石材の体裁と仕上げ」を参照のこと）。

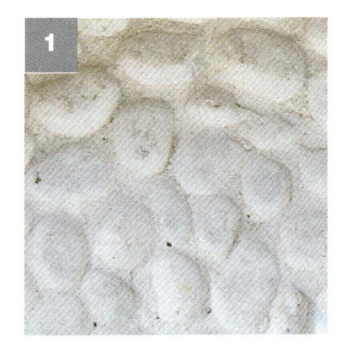

上　石灰塗料（ノロ）で固めた玉石モザイクのバスルーム。

玉石・丸石

玉石や丸石をモザイク状に敷き詰めて使用する方法はかなり昔から行われてきました。トルコで8世紀に造られたものが現存する最古のものといわれています。この方法は地中海沿岸地方では大変多く見かけますが、14世紀にムーア人によってイベリア半島にもたらされたといわれています。現在も専門のモザイク職人がいますが、彼らはそれぞれ独自のデザイン、並べ方を考案しています。

玉石や丸石のモザイクの美しさは色のコントラストから生まれて

由緒ある教会や邸宅で用いられていた石には大変高価なものがあります（2、3、4）。供給に限りがあるため高値を呼んでいます。玉石・丸石モザイク（1）は屋外によく使われますが、室内でも独特の効果をあげることができます。

上　転磨機にかけて人工的に磨り減らせ古色を出した大理石。

石材の体裁と仕上げ

　石は重量があり、曲げることができず、しかも輸送途中で破損しやすいものです。こうした理由から石材の体裁も限られています。まだ手仕事に頼らなければならなかった時代には、石材はかなり分厚い厚板や不定型の板石の形で出荷されていました。現在では機械化が進み、大部分がタイルの形で供給されるようになりました。以前のものに較べ薄く軽量で施工しやすく、フローリングや壁の被覆に使いやすくなりました。石タイルの良いところは寸法が一定しているため、継ぎ目の目立たないすっきりしたデザインができるということです。手仕事で成型した石タイルは田舎風の感じを出す時に好まれます。

　石タイルは石の種類や使用目的に応じて厚さ、寸法とも各種揃っています。壁用タイルはだいたい6mm位の厚さです。フローリング用は1cmから2cmまでいろいろありますが、さらに厚く大きいものは注文に応じて成型されます。大きいタイルは雄大さを感じさせますから、広い面積を覆うように使用します。小さめのタイルは狭い空間に似合います。

　もうひとつのフローリング用の石材に、石の質感を強調し粗く削って成型した敷石があります。御影石や砂岩の敷石は主として屋外用にいられていますが、屋内の、特に滑るおそれのある場所や荒々しさが欲しい場所にも適しています。

　洗面化粧台などの作りつけの設備用として各種の厚板が取り揃えられています。薄めの板を使用する時には、割れやすい御影石や石灰岩は避け粘板岩にするほうが良いでしょう。

　フローリングや壁張り用に石材を注文する時は少し余分に注文するようにします。腕の良い職人さんに依頼するにしても、運搬時や取り付け時に破損することがよくあります。次に考えたいことは色の取り合わせです。自然石ですから、タイルや敷石の一枚ごとに色も模様もまちまちです。石材商に注文する時に、できるだけ同じような模様、色を揃えてもらうようにします。経験を積んだ職人さんは、全体の調和を考えてけっして色が飛んだりしないように並べてくれます。

　表面の質感に関してもいろいろな種類が揃っています。仕上げの仕方によって見た目や触感がずいぶん変わってきます。同じ石でも違う石のように見えることもあります。

　石の仕上げ方としては、砥石仕上げ、本磨き仕上げ、荒目仕上げ、割肌仕上げ、こたたき仕上げなどがあります。砥石仕上げはつや消しの木綿のような質感で、表面は平らですが光を反射せず、フローリングに必要な適度な摩擦があります。ガラスのような光沢を出したいときには本磨き仕上げにします。御影石や大理石、トラーバーチンのように硬い石がこの仕上げに適しています。本磨き仕上げは滑るおそれがありますから、フローリングにはあまり適していません。荒目仕上げは砥石仕上げよりも表面がざらざらして滑りにくくなっています。割肌仕上げは粘板岩の仕上げに用います(55ページ参照)。石の質感を強調したり、アンティークな感じを出したりする時には、バーナーで焼く、転磨機にかける、砂磨きをする、ビシャンで叩くなどの工程をへて、古びた色や雰囲気を出します。尖った石の角を転磨機などで落として風化した感じを出し、バーナーで焼いて表面の石英を除き色に深みを出します。

仕上げの仕方によって見た目も触感も変わってきます。サンドブラスト仕上げ(a、e)、砥石仕上げ(b、h)、本磨き仕上げ(c)、バーナー仕上げ(d、f)、荒目仕上げ(g)右：石灰岩、下：御影石、右下：粘板岩

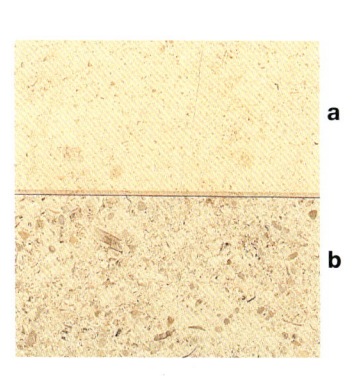

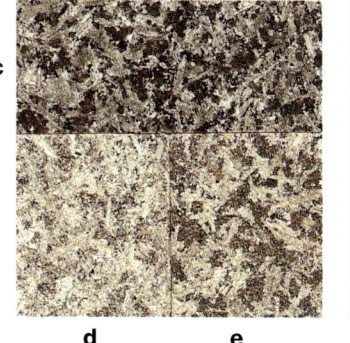

魅力を活かす方法

石

石のフローリング

　石を張った床はインテリアに重厚さと悠久の時間をもたらします。石は廊下など頻繁に人が行き交う場所、あるいはキッチンやバスルームなど耐水性が求められる場所に最適な素材です。最近ではリビングルームなど家族がくつろぐ場所にもよく使われるようになりました。特に現代的な感覚のインテリアにはよく用いられています。以前は石は室温を下げるということでリビングなどでは敬遠されていましたが、床暖房によりこれは解消できるようになりました。床に敷く場合にはある程度摩擦を生じ滑らないような仕上げのものを用いることが大切です。

　石のフローリングは、石の種類、仕上げ方によって優雅で落ち着いた都会的雰囲気から別荘のような開放的な感じまで多彩な雰囲気を演出することができます。古典的な配列パターンとしては8角形の明るい色の石(大理石がよく使われます)を並べ、その間に黒っぽい石(粘板岩が多いようです)をポイントに置くというものです。しかし矩形の石タイルでも並べ方によって微妙に違った雰囲気を出すことができます。交互にずらして並べる破れ

上　矩形の粘板岩のタイルが床と壁にすっきりとした破れ目地で張られています。目地がアクセントになって全体を引き締めています。キャビネットにはカエデ材を用いています。

目地にすると明るく開放的な感じが出ます。また格子状に並べると洗練された落ち着きが出ます。柔らかな曲線の板石を組み合わせて敷くと自由な格式ばらない雰囲気が出ます。また石の縁を額縁状に削った仕上げにすることで面白い効果を出すこともできます。

　床に石を張る時に重要なことは、既存の下地床が石の重量に耐えられるかどうかを確かめることです。木造の場合2階以上の床はまず無理でしょう。下地床には重量に耐えられるだけでなく、完璧に乾燥した素材を使うことが大切です。下地床が反ったり捩れたりすると、上の板石や石タイルが割れるおそれがあります。木材の下地床の場合、特に下地床が根太の上に浮いているような場合には板を2枚重ねにし曲がりにくくします。タイルを上に張るための湿気に強い特別な板材が販売されていますからそれを使うと良いでしょう。またコンクリートの下地床の場合も完全に乾燥させ、完璧に水平になっていることを確かめることが大切です。

左　荒々しい自然石の壁と生命感溢れる縞模様の御影石の床。絶妙の取り合わせです。

広さに対して周囲に6mmから1cmの伸縮目地を設けておきます。石と石の間の目地の広さは石の種類により異なります。表面が滑らかな定型のタイルの場合は2mmから3mmの狭い目地で良いでしょう。形がやや不規則な割

　石材を下地床に固定する方法には2通りあります。モルタル下地の上に張っていく方法と接着剤で固定する方法です。モルタル下地は下地床がコンクリートまたはモルタルの時だけに使うようにします。モルタル下地はタイルの重みで圧縮することもあり、また隙間ができると割れの原因にもなりますから厚めに塗っておきます。しかし最近では石タイルを張る場合は、下地の水平が確保されている時には薄く、そうでない場合は厚く塗って水平を確保し、その後で石タイルを接着剤で固定する方法が一般的になっています。

　床に石を張る場合必ず伸縮目地を確保し、熱・湿度の変化による膨張、下地床の歪みに対応できるようにしておきます。2mの床の

肌仕上げや荒め仕上げのタイルの場合にはそれよりも広い1cm以内の目地にします。目地の色も石の色の明度、色調にあわせて選ぶようにします。

　石のフローリングに石の段板の階段があると、フロアからフロアへの視覚的連続性ができます。しかしその場合石の色や種類によっては重厚になりすぎる場合もありますから全体の調和を考える必要があります。階段に石を使う場合は、粘板岩（スレート）が一番良いでしょう。比較的薄くても荷重に耐えられますから鉄骨もそれほど厚いものを使わずにすみますし、蹴込みのない開放的な階段にも使えます。御影石や石灰岩の段板の場合は、割れを防ぐために必ずその下に全面的な支えの鉄板が必要になり、鉄骨の厚さも3cm程度は必要になってきます。またスリップを防止するために特別な段鼻、溝、滑り止めが必要になります。

上　真四角のスペイン産石灰岩のつや消しタイルが優雅さの漂う落ち着いた空間をつくりだしています。スウェードの上掛けが質感の対比を演出しています。

左　ブラジル産の黒色の粘板岩と触感に充ちた櫛引仕上げの日本式の漆喰壁がとてもよく似合います。

魅力を活かす方法　63

石の壁面

　石でキッチンやバスルームの壁面を覆うと陶磁器タイルとはまた一味違った雰囲気が出ます。一般的な方法は厚さ1.5cm位の石タイルを接着剤で直接壁に張っていきます。石灰岩のように軽い多孔性の石はシミがつきやすいので注意して張っていきます。

　バスルームなどに大きな石タイルを張る時、接着剤では厚みと重量に耐え切れない場合がありますが、その時は最初にスチール製の枠を作りその中に固定していく方法をとります。

左　ありふれた陶磁器タイルに変えてフランス産の石灰岩のタイルにすると狭いバスルームが独特の優雅な空間に生まれ変わりました。

下　豊かな開放的空間のなかでトラバーチン大理石の床と柱が居間とテレビ・コーナーを分けています。

左　形、大きさの異なる自然石を積み上げた別荘風の暖炉が現代的なリビングルームのなかでどっしりとした遺跡のような存在感を誇示しています。

下　炉床と廊下に張られている板石と、炉の内壁のレンガ、外壁の細い石タイルが石素材どうしの面白い対比を演じています。

魅力を活かす方法　65

魅力を活かす方法

石

石のカウンター

　石のカウンターがあるとインテリアの絵画的な要素が一段と高まります。石の表面が持つ冷たさと滑らかさは見たり触ったりして楽しめるだけでなく、実用的な面でも大いに役立ちます。たとえば大理石の調理作業台はパスタやパイ作りに最適です。石の洗面化粧台はバスルームにクラシックな趣を添えます。石の厚板はその他台座、棚石などインテリアのさまざまな方面で活躍しています。

　炉床、炉縁や洗面化粧台、キッチンカウンターなど作りつけの石の設備用として、厚さが2.5cmから5cm位までの石の厚板が用意されています。大きさも種々のサイズが用意されていますので、広い継ぎ目のないカウンターを作ることができます。特殊な場合はたいていの石材商は注文に応じて石をカットしてくれます。

　場所に適した種類の石を選ぶことが何よりも大切です。石灰岩のような多孔性の石はキッチンカウンターなど水を使う場所や引掻きキズがつきやすいような場所には適しません。そうした場所には御影石のような硬質できめの細かい石が向いています。また特に念頭に入れておく必要があることですが、石のカウンターには急激な熱の変化に弱いという欠点があります。熱い鍋や皿を直接置くと割れるおそれがあります。

　石のカウンターを設置する場合にはその重量を支えるために下にあまり隙間のあいてい

下　上面だけを本磨きにした御影石の一枚岩が石灰塗料で塗装された割ぐり石のキッチンのなかで威厳を放っています。

66　石

ーシックな美しさ。再利
理石のキッチン・カウンタ
荘の田舎風キッチンを現
しています。

下　ベルギー産ブルーストーンの
キッチン・カウンターには矩形の
電熱調理板がはめ込まれ、矩形の
シンクが穿たれています。石を使
ったミニマリスト的な構成です。

上　黒大理石を使った光沢の
美しいキッチン・カウンターで
す。水はけ用の数条の溝が現
代的センスを感じさせます。

ない支えが必要です。石の厚板は通常石用の
特別な接着剤で固定します。石のカウンター
によく似合う、石の流し台、前板、はねよけ
板などを揃えると統一感のあるインテリアが
生まれます。

魅力を活かす方法　**67**

魅力を活かす方法

石

上　純粋さの塊。大理石の床にのったシンプルなフォルムの大理石のバスタブ。床から伸びた極限まで簡素化された蛇口。無の空間の中の静かな瞑想の場ができ上がっています。

石のその他の活用法

　石はどっしりとした重量感のある素材ですから、アクセントや小物としての使い道はあまり知られていないようですが、最近石の小物や備品が注目されつつあります。それらの石のディテールはインテリアに永遠性という独特の味付けを加えます。

　石の魅力が最もよく活かされる備品は何といってもバスタブと洗面器です。石灰岩、御

下左　鋼材の上のシンプルな大理石の洗面器。岩清水で手を洗う気分です。
下中　ステンレスの支えに年代ものの石の水槽、創意に富んだオリジナルな洗面化粧台です。
下右　シンプルな基台の上に載った半球状の洗面器、現代彫刻のようです。

影石、大理石などさまざまな石のものがあり、規格品も特注品もあります。滑らかに研磨されたもの、砥石仕上げで少しざらざらしたものなどありますが、シンプルな形からはそれが一個の大きな岩をくり抜いてつくられたものであることが一目でわかり、バスルームが身体を清める寺院のような雰囲気になります。

その他モールディング（繰り形）や縁飾りにも石は広く使われています。暖炉の周りを石で囲んだり、腰羽目や幅木を石にしたりして面白く仕上げる方法もあります。また鏡、モザイクなどの額縁に石を使うこともできます。

石の小物やオブジェを飾るのも石の魅力をインテリアに持ち込む良い方法です。石の大皿やボールがあるだけで食卓が豪華に見えます。また波で角が丸くなった石を床に積み上げておくだけで、空間に大きな広がりが生まれます。でも環境のことを考えて、石は自分で海岸に行って採取せずに石材商から購入するようにしましょう。

石の手入れと維持管理

石は堅固で硬いことから日頃の手入れはあまり必要ないと思われています。しかしシーリング材を塗っておくと埃やシミがつきにくく、表面の輝きが長く失われません。特に石灰岩や砂岩の場合は、多孔性でシミがつきやすい性質を持っていますから是非お奨めします。石は一般に考えられている以上に傷つきやすく、絶えず見守り手厚く手入れをする必要がある素材なのです。

石をフローリングに使ったり壁に石を張ったりする時、できるだけモルタルや接着剤で固定する前にシーリング材を塗っておきましょう。そうすれば張ったり設置したりする時に汚れやシミがつきにくくなります。固定した後もシーリング材を塗りますが、石灰岩や砂岩などの多孔性の石には3回ほど重ね塗りをします。石材商にはそれぞれの石に最も適したシーリング材が揃えてあります。カウンター用の石には最初からシーリング材を塗っているものがあります。シーリング材は説明書の記載にしたがい、一定の期間ごとに塗り替えをします。

ある種の石灰岩やトラーバーチンのような多孔性の石材には、あらかじめ「穴埋め処理」を施しているものがあります。時がたつと埋めているものがはずれることがあり、その時は再度穴埋め処理をする必要があります。

石のフローリングの日頃の手入れとしては、ブラッシングしたり掃除機をかけたりして塵や埃をとることが大切ですが、汚れがひどい時には水や中性洗剤を軽く含ませた布で拭きます。荒め仕上げの石の場合は本磨きや砥石仕上げの石よりも掃除の回数を増やす必要があります。石のフローリングにモップをかけるのは禁物です。それは石の表面に埃の膜を作ってしまうだけです。液体がこぼれた時には水で軽く湿らせた布ですぐに拭き取りますが、油脂がこぼれた時は揮発油で拭き取るようにします。石の壁面は時々掃除機をかける程度でよいでしょう。また石のカウンターは軽く湿らせた布で時々拭く程度でよいでしょう。磨き粉や研磨剤入り洗剤の使用は厳禁です。

どのようなものであれ酸性のものは石の色落ちの原因になります。ワイン、柑橘ジュース、コーラ、酢などがこぼれた時は素早く拭き取ります。オイルやワックスで磨くこともシミの原因になりますので行わないようにします。

下　墨絵のようなカラーラ大理石の床と壁タイルがステンレスのキッチン・ユニットと調和し、深い味わいの空間が創り出されています。

ガラス

左　ガラスを多用することによって光が最大限に活かされインテリアにドラマが生まれています。最も劇的な効果をあげているのはガラスの床で、それはそのまま廊下に続いています。半透明のものを挟んだ25mmの合わせガラスを使っています。

右　開閉式の明かり取りを開くと開放的なダイニングルームになります。明かり取りは熱をよく遮断する省エネタイプのガラスでできています。

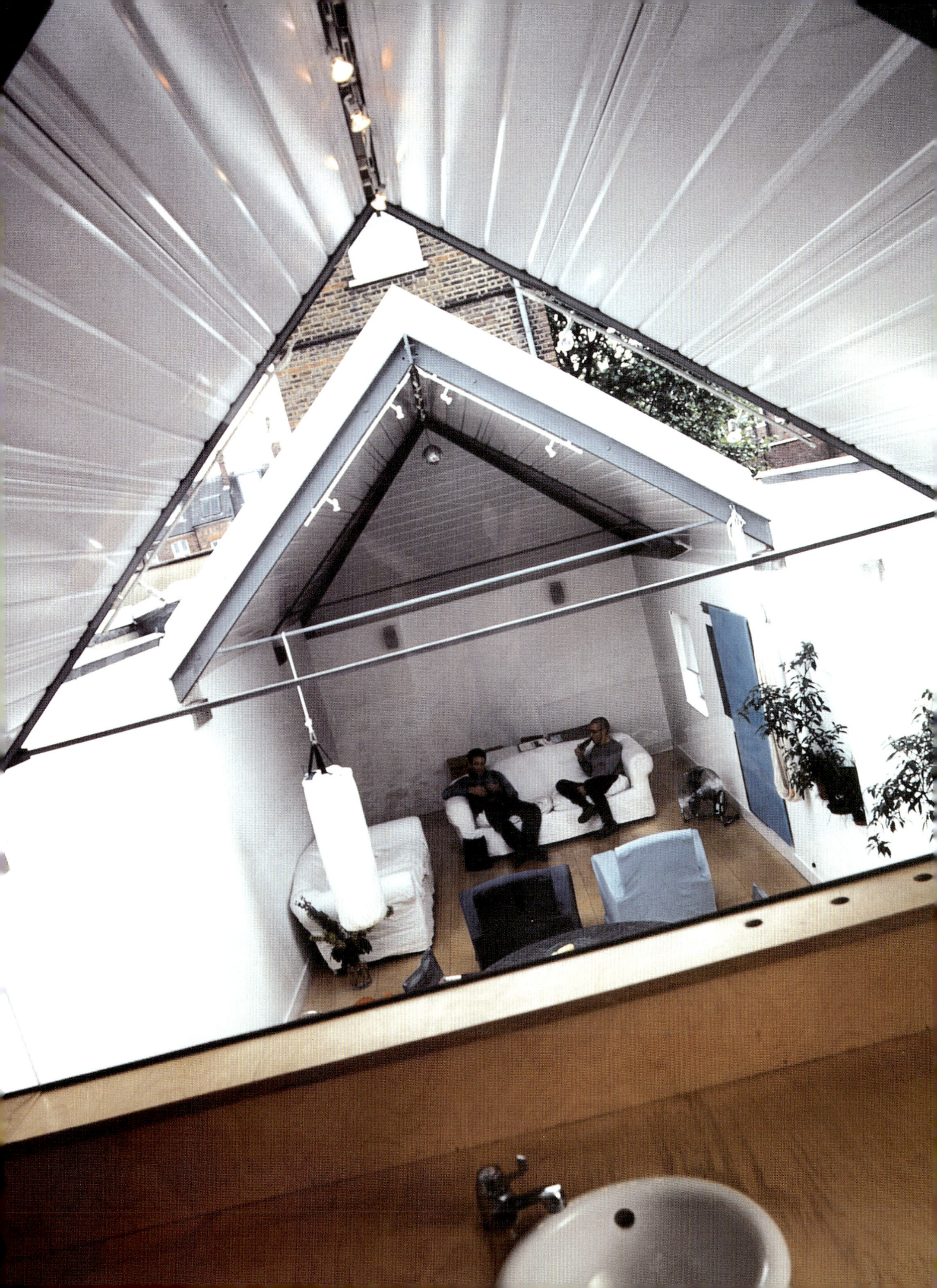

ガラス

左　ガラスを張った大きな壁がパリの2階吹き抜けの空間に光を充満させています。

右　中央をピボットでとめただけの旋回式の一枚ガラスのパネルが内部と外部の空間を継ぎ目なしに結合しています。

　　ガラスは最も不思議な魅力を持った素材の1つです。今から3,500年程前の中東で、石灰石、ソーダ灰、砂に熱を加えると透明な物質ができることが発見されましたが、それがガラスの起源です。それ以来ガラスの製法は絶えず進歩し続けてきました。古くはガラスはただ工芸品の素材として使われるだけでしたが、今日では建築素材として幅広く使われています。ガラスだけで出来た家は未来の話ではなく現実のものになっています。

　　北ヨーロッパでは15世紀頃からガラスは窓などの開口部に広く用いられるようになりました。ゴシック様式の大寺院のステンドグラスは飾り紋様の石に支えられ、はるか上方から神秘的な光を投げかけていますが、その光はまさに聖なる光で、そこに描かれている聖書の場面の数々は文字を知らない人々に霊感を与え、彼らの信仰を導いてきました。

　　窓の大きさとデザインはガラスの製法の進歩を反映しています。例えば15、6世紀の観音開きの窓は格子状にガラスがはめ込まれているものがほとんどでしたが、それは当時の製法ではそれ以上に大きいガラスが作れなかったからでした。大きな窓にガラスを嵌めようとすればどうしてもあの特徴的な鉛の枠で、ガラスの板を何枚も継ぎ合わせなければならなかったのです。

　　ガラスの価値はなんといってもその透明性にありますが、ガラスは初期の段階では今日私たちがあたりまえと思っているような水晶のような透明性はまだ持っていませんでした。領主の大邸宅の正面にあって太陽の光を受けきらきらと輝くたくさんのガラス窓は、実は私たちが想像するほど透明度の高いものではなく、入ってくる光の量もかなり少なかったのです。

　　18世紀になるとガラスの製法は格段に進歩し、価格も安くなり、透明性も増し、さらにはより大きなサイズのものが出来るようになりました。18世紀の建築の特徴としてよく知られている優美な窓枠はガラスの製法のこのような進歩を反映していると同時に、室内をできるだけ明るく光に充ちたものにしたいという当時のインテリアの流行を反映したものでした。

　　19世紀に入るとガラスは公共的建物や商業的建物のなかで革新的な方法で使われるようになりました。この世紀の半ばにはロール成型によって板ガラスが安価に生産できるようになり、温室、植物園、駅舎の天窓、商店街のアーケードなどに盛んに用いられ、ガラスが他の素材にない可能性を有していることが劇的に示されました。

ガラスの美と歴史　73

右　内部照明により淡い光を放つガラスのラインが研磨仕上げのコンクリートの床に埋め込まれ、床に絵画的な要素を付け加えアクセントを構成しています。

　産業革命が起きるまでは、窓その他の開口部の大きさは、建物の重量が壁全体で支えられているため厳密に制限されていました。つまり壁の開口部を広げすぎたり、数を多くしたりすると建物はどうしても壊れやすくなりました。しかし最初は鋳鉄によって、後に鋼によって建物の骨組みが格段に強化されることになり、ガラスの建築的可能性は一気に広がりました。建物の重量は構造枠によって支えられ、壁は荷重を支える必要がなくなりました。その結果、壁全体をガラスにするということが実現可能となりました。

　建築におけるこうした構造上の発展と軌を一にしてガラス自体もめざましい改良を遂げました。1920年代に新しい製法が開発され、ガラスはさらに大きなサイズのものが、さらに安価に生産されるようになり、その透明度も一段と増しました。それを見たミース・ファン・デル・ローエやワルター・グロピウスといった初期のモダニストたちは、ガラスを使うことによって建物とその環境との間にこれまでにない関係を築くことができると考え始めました。ちょうどその頃、彼らは日本では半透明の紙でできた障子が可動式の壁やしきりになっていることに深い関心を持っていましたが、それが彼らに重要なインスピレーションとヒントをもたらしました。こうしてミース・ファン・デル・ローエによって設計された世界で最初のガラスの建物、1929年バルセロナ国際博覧会ドイツ館が生まれました。建物は頑丈な鉄骨に支えられ壁は1枚のガラスだけで造られていましたが、そのことによって建物の内部と外部の境界は溶けて消滅し、建物内部の空間相互の関係もこれまでにないものが出来上がっていました。

　もう一つの大きな反響を呼んだ建物としてピエール・シャローによって1931年に設計されたパリのガラスの家があります。これは建物正面の2階分の壁をほぼ全面ガラス壁にしていました。半透明のガラス・ブロックでできた壁は、建物内部のプライバシーを守りながら、リビングルームに柔らかな光を満たしていました。

　技術的な改良の次の頂点が1959年にやってきました。この年イギリスのピルキントン社はフロート製法という画期的な製法の開発に成功しました。この製法によりガラスの厚みは均一になり、輝度も透明性も格段に向上しました。こうしてガラスはついに建築材料としての地位を確立しました。ところでフロートガラスが発明される10年前には、1950年にミース・ファン・デル・ローエによってファンズワース邸が、1949年にはフィリップ・ジョンソンによってグラス・ハウスが建てられましたが、それらは全面ガラス張りの壁によって現代建築の可能性が大きく広がったことを絵画的な形で示し、大きな反響を呼んでいました。

　現代の住宅空間においても画期的な変化が生じました。それまでガラスはドアなど主に室内空間を仕切るものとして用いられてきましたが、最近では最先端の技術を生かして床、廊下、浴槽、洗面化粧台などにドラマティックな要素を持ち込むものとして用いられるようになりました。ガラスという素材が持つ透明性と輝きは、どのような場面であれ空間に躍動感を付け加え、インテリアの新しい次元を開きます。

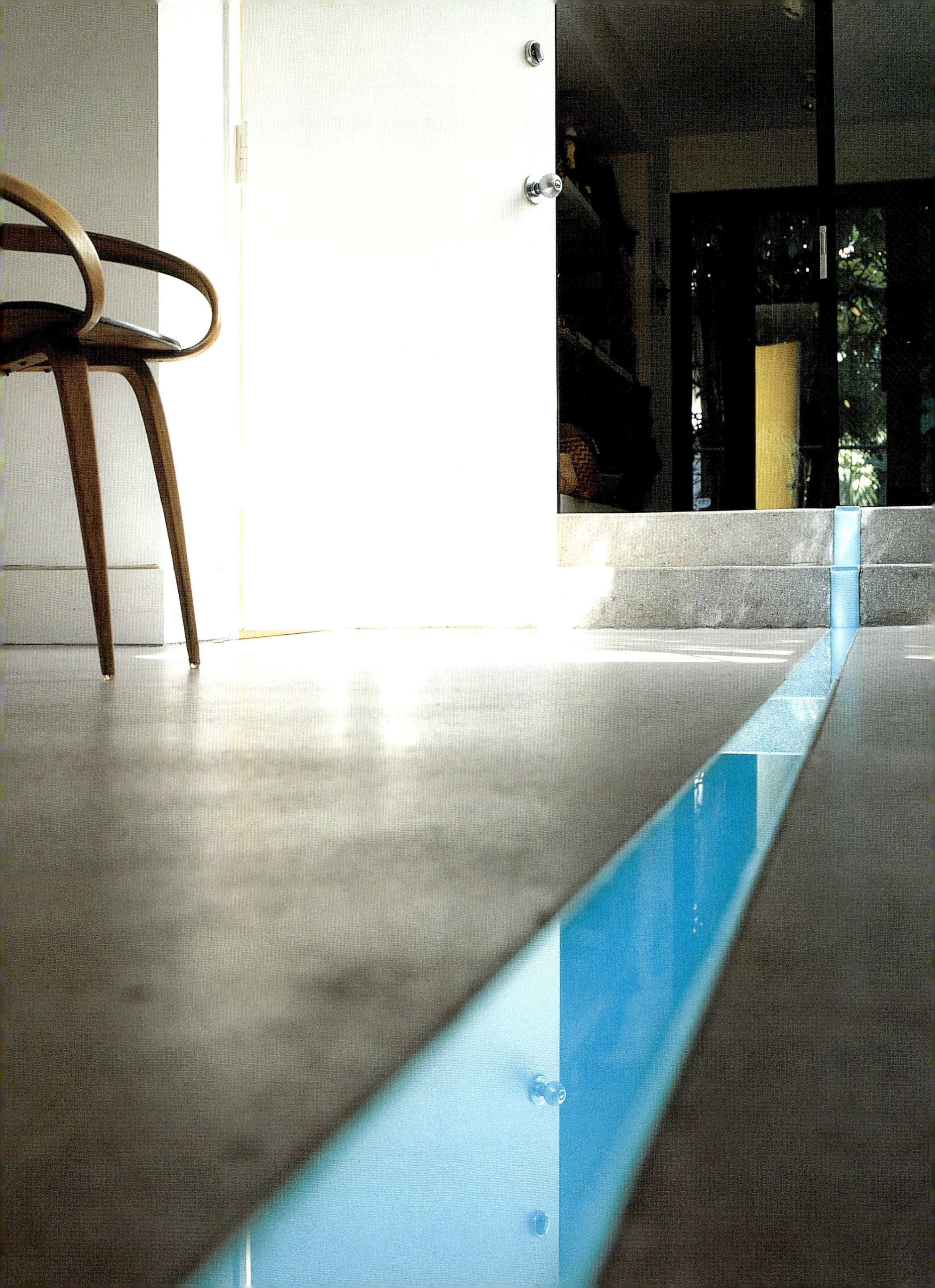

ガラス

種類

上　ガラスは光をさえぎることなく空間を分割することができます。このすりガラスはバスルームのプライバシーを考慮したものです。

右　天窓から降り注ぐ光がガラスの階段に拡散し、光と透明感が劇的に強調されています。

　ガラスは一般に考えられている以上に種類の多い素材です。色、模様、透明度はもちろんですが、それよりももっと重要な相違点は、その性能と製法です。こうした技術的な相違点は外見からはなかなか判りにくいものですが、用途に合わせてガラスを選ぶときに大変重要になってきます。

　ガラスは絶えず技術的改良が積み重ねられてきたため、用語がまだよく整理されていない面があります。「プレート」や「シート」といった用語は、一般的にその製法に関係なく1枚の広い板ガラスのことを示す用語として用いられています。しかし厳密に言うとどちらの用語もガラスの特別な製法を表す用語で、しかもそうした製法は現在ではほとんど使われていません。現在では世界の板ガラスの90％がフロート製法で生産されています。

　このフロート製法もまだ改良を加えられている最中で、新しい技術が続々と生まれています。ガラスの用途が広がれば広がるほど技術改良に寄せられる期待は高まるばかりです。ガラスの使用がまだ相対的に少なかった時代とは違い、ガラスが全面的に建物を覆うようになった現代では、何よりも熱の損失と獲得という問題、そして次に安全性と防犯上の問題が大きな問題になっています。そのため現在行われている技術革新は環境保護と実務的な問題に集中しています。近い将来ガラスは「ダイナミック・スキン（生物的皮膚）」となって、建物内外の温度差、光量の差に敏感に反応してその性質を自動的に変化させることができるようになるかもしれません。プライバシー保護の観点から技術的に改良され現在すでに市場に出ている特殊なガラスがありますが、そのガラスは3重構造になっており、電流のスイッチを入れるだけで透明になったり半透明になったりします。

ガラスの基本的製法

フロートガラス　幅3mほどのガラスの帯を1000℃の熱で溶融し、同じく溶融した錫のプールに流し込みます。錫の上に浮かんだガラスは均等に広がり徐々に冷えていきますが、ローラーに載せても傷がつかない状態まで冷めたところで更に焼きなまし炉にいれます。こうして最終的に、完璧に均一の厚さを持った、「ファイヤー・ポリッシュ（炎で研磨した）」の滑らかな表面をもつガラスが出来あがります。

上　寝室とバスルームを仕切るパーティションのガラスは最も新しいタイプのガラスです。スイッチを入れるだけで透明ガラスから半透明ガラスに変わります。

強度を高めたガラス

　ガラスは大変壊れやすい素材で、物が当たったり倒れたりするとすぐに割れてしまいます。そのため研究と投資のかなりの部分がガラスの強度を上げ、衝撃に耐えられるように改良することに費やされました。強度を高めることによってガラスの安全性は高まり、同時に防犯面での不安もかなり少なくなりました。

網入り板ガラス　網入り板ガラスは2枚の板ガラスの間に細い鉄の網を挟み固めたものです。鉄の網によって強度が高められ、破損してもかけらが飛散することが少なくなり、防犯上の問題がある場所や耐火性が必要とされる場所に多く用いられるようになりました。網入り板ガラスはロール製法で造られ、表面に模様の入ったもの、透明なものなどさまざまな種類のものがあります。

強化ガラス　テンパ・ガラスとも呼ばれていますが、安全性の高いガラスとして建物の外部、内部を問わず広く用いられています。ガラスを650℃に熱した後、急速冷却します。すると、中心部が完全に冷える前に外側の部分が固まってしまいます。そしてその後中心部が冷えていく過程で、外側の部分が圧縮され強度を増すことになります。この方法によって通常の焼きなまし炉による冷却法の5倍近くまで強度をあげることができます。強化ガラスは衝撃を受けると無数の細かな断片になり、人体を傷つけにくくなっています。

　強化ガラスは一旦衝撃を受けると粉々になってしまいますから、最初からサイズを指定して造ります。最大限の大きさも工程によって

　フロートガラスは用途に応じて2mm以下の薄いものから2.5cmを超える厚さのものまで揃えられています。厚さと舟積み、輸送の関係で最大限の大きさが決まってきます。1.2cmまでの厚さのものでしたら、31.8m×60.80mが最大の大きさです。1.2cmを超える厚さのガラスは、最大限の大きさはこれよりも小さくなります。窓ガラスに使う規格品のガラスは、フロートガラスの帯がローラーを流れている途中でタングステン・カーバイドの回転鋸で切り目を入れ、自動的に切り落とします。

ロールガラス　もう一つの代表的な製法がロール製法です。半溶融状態のガラスをローラーの間に通し、厚さが等しく模様も同一のガラスをつくります。網入り板ガラスや模様入りガラスはこの製法で造られます。

（1）標準窓ガラス
（2）エッチング・ガラス
（3）網入り板ガラス
これはドアパネルなど防犯対策が必要な場所に用います。

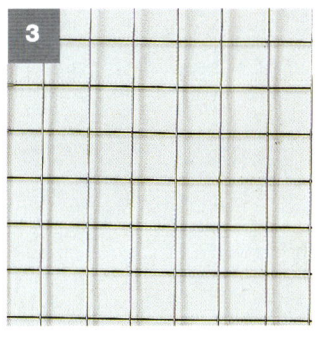

規定されています。強化ガラスで造った網入り板ガラスはまだ開発されていません。

合わせガラス　合わせガラスはもともとは自動車の窓ガラス用に安全性の高いガラスとして開発されました。2枚の板ガラスの間に透明なプラスチックの中間層を入れ、高温、高圧で接着したものです。合わせガラスは何らかの衝撃を受け破損した場合、中間層が破片をそのままの位置に保持することによって安全性が高められています。一般的に強化ガラスよりも強度に優れていると考えられ、価格も高くなっています。

用途や必要とされる透明性に応じて多くの厚さのものがあり、また張り合わせるガラスの種類、中間層の種類の異なるものが多く開発されています。防弾ガラスは強化ガラスと合わせガラスを何層にも重ね合わせたものです。

ガラスと環境問題

これまで長い間、建物にガラスを多用すると室内の気温に大きく影響し、寒暖の差を激しくすると考えられてきました。日が照って暖かい日には熱は急速に室内にこもり暑すぎるほどになり、また雲の多い寒い日には室内の熱が急速に逃げ寒すぎると感じるようになります。熱帯植物園や温室はガラスの「温室効果」を利用したものですが、それは他の場所ではあまり歓迎されるものではありません。

ガラスに何らかの処置を施さない限り、ガラスの部屋は冬には暖房が多く要り、夏にはエアコンが欠かせないものになります。そしてそれはとりもなおさず多大なエネルギー消費につながります。しかし一方ではガラスによって太陽の熱を室内に取り込みエネルギー消費を減らすこともできます。断熱、熱吸収効果の問題と光の透過性、透明性の問題も切り離して考えることはできません。

ガラスと太陽エネルギーの関係は大変複雑なもので正確に理解するには専門知識が要りますが、ここでは室内の温度を一定に保つということを中心にガラスの改良が進められているということを理解しておくだけでよいでしょう。現在開発されているガラスには、着色ガラス、複層ガラス、省エネガラスなどがあります。

着色ガラス　溶融ガラスに鉄、コバルト、セレニウムなどの金属の酸化物を微量混ぜ発色させたものです。金属の組み合わせを変えて、ブロンズ、グレイ、グリーン、ブルーなど様々な色のものが造られています。着色することによってガラス自体が赤外線の一部を吸収し、その結果室内に熱が伝わらないようにしています。しかし同時に光の透過性が悪くなっています。1960年代の半ばに開発された熱線反射ガラスも同様の効果をもつものです。

複層ガラス　室内の温度を外に逃がさないために開発されたガラスです。2から3枚のガラスをスペーサーを挟んで結合させ中に空気を封入したものです。2層ガラスが普通ですが特殊な3層ガラスもあります。また2枚のガラスの間に可動式のブラインドを組み込んだものもあります。

省エネ(Low-E)ガラス　特殊なコーティング技術の開発によって省エネ効果を高めたガラスです。日光を最大限に取り入れることができると同時に、夜間の保温効果が高められ断熱材として働きます。サンルーム、天窓など熱の放出が激しい場所に適しています。

左　天井までの高さのサッシのガラス・ドアが庭へと優しく誘います。

上　1900年から1910年の間に作られたステンドグラスのドアです。
インテリアに装飾性と歴史的興味を添えています。

装飾ガラス

　きらきらと光を反射するガラスの性質は、色や模様を変えることによって更に効果が高まります。装飾ガラスは眼を楽しませてくれるだけでなく、光は欲しいけれどあまり透明すぎると困るといった場所に使うことができます。

型板ガラス　型に嵌めたり半溶融の状態の時にローラーで模様を型押ししたりしてガラス表面にレリーフ状の模様をつけたガラスです。一般的にくもりガラスと呼ばれていますが、光の透過を弱めることなしに、外部からの視線を遮る効果があります。玄関ドアやバスルームの窓など内部を覗かれたくない場所に用います。線が何本も交差しているもの、水玉模様になったもの、細かな点がたくさんあるもの、波紋模様等が一般的です。

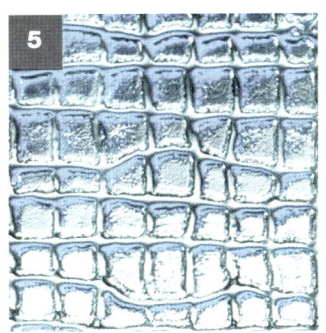

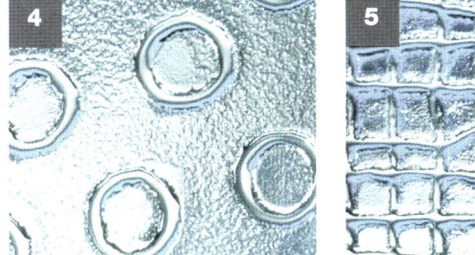

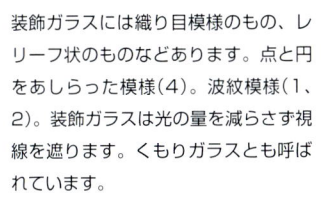

装飾ガラスには織り目模様のもの、レリーフ状のものなどあります。点と円をあしらった模様（4）。波紋模様（1、2）。装飾ガラスは光の量を減らさず視線を遮ります。くもりガラスとも呼ばれています。

上と右上　サンドブラスト加工は深く彫り込むものから表面を薄く削っただけのものまで幅広い効果をだすことができます。

色ガラス　昔からあるステンドグラスから現在の合わせ色ガラスまで、色ガラスは透明のものも、くもりガラスのものもインテリアに独特の効果をもたらします。ガラス工芸家に依頼して特別に誂えてもらうこともできますし、窓やドア用に伝統的なデザインのものも販売されています。また建材の再生利用の店にも古いものが置いてあることがあります。

エッチング、サンドブラスト・ガラス　すりガラスとも呼ばれていますが、サンドブラスト処理やエッチングによって、ガラスの表面に繊細で均質なつや消しの模様を描いているガラスです。視線を遮

色ガラスのいろいろ(1-7)。着色したもの、着色ガラスと透明ガラスを張り合わせたものがあります。後者の場合は張り合わせ用樹脂にも同じ染料を加えます。

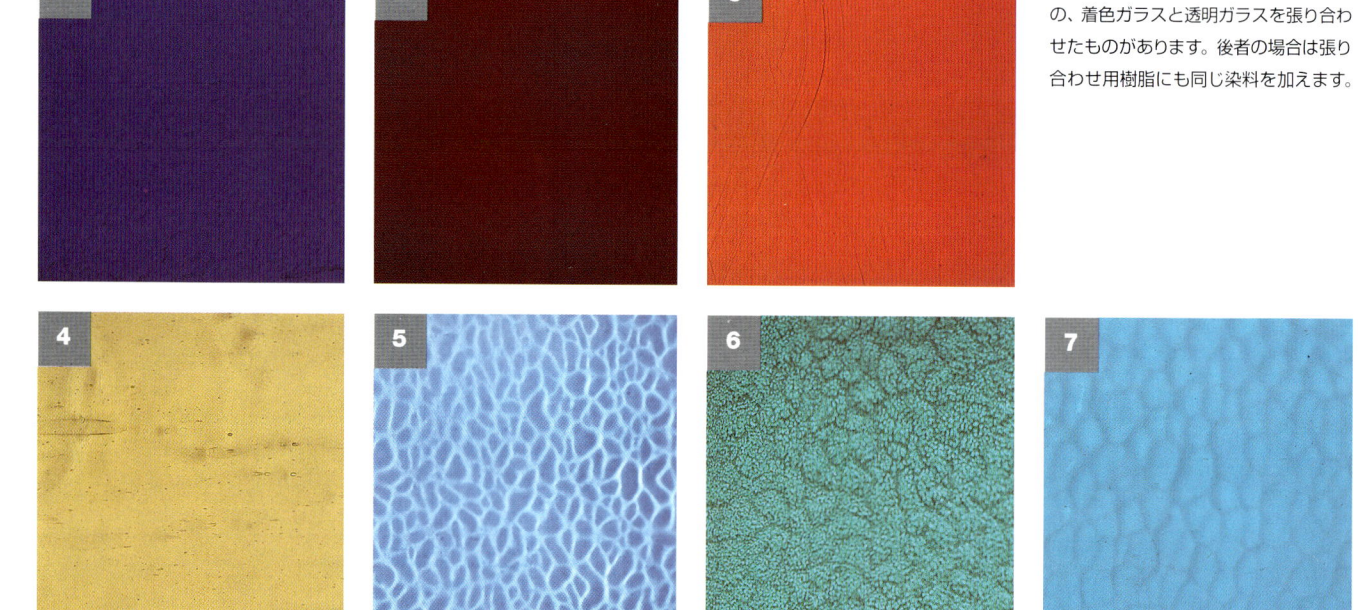

ると同時に光を柔らかく拡散させる効果があります。円や星型の単純なパターンを繰り返し描いているものや、特別誂えの細密画のようなものまで多くの種類があります。

プリント・ガラス　以上の装飾ガラスとはまったく性質の異なるものに、プリント・ガラスがあります。これはガラスにスクリーン印刷を施したものです。点や線で繰り返し模様を描いているもの、線影（けば）を付けたものなどありますが、すりガラスのような表面の手触りはありません。ガラス全面に絵を印刷したものもあります。

ガラス・ブロック

ガラスが現在ほど多岐にインテリアに用いられることがなかった時代、ガラス・ブロックは構造を支えるという役割を果たしながら素材の透明感を建物に加えることができる数少ない素材の一つでした。ガラス・ブロックは窓の代わりとして、それよりも強く、安心感があり、視界を遮るものとして用いられます。また光を遮ることなく室内を仕切る時に用います。ガラス・ブロックは防音、断熱という点で板ガラスよりもはるかに優れています。表面の仕上げとしては、透明、くもり、つや消し、溝入り、波紋等があり、必要な透明度に合わせて選ぶことができます。またガラス・ブロックには各種の色が揃っており、最もよく使われているものに、濃いブルー、青緑色、アクアマリン等があります。

鏡

鏡はずいぶん古くからいろいろな形で作られてきましたが、現代の製法に近い形で作られるようになったのは、ベニスのガラス工が水銀化合物をガラスに付着させたのが始まりだといわれています。ガラス自体がまだあまり大きなものができない時代、大きな鏡の面をつくろうとすれば何枚もの鏡をつなぎ合わせるしか方法はありませんでした。その良い例がベルサイユ宮殿の鏡の間です。鋳型に流し込む方法で大きな一枚ガラスが最初に作られたのは、17世紀も終わり間近でしたが、全身を映すことができる大きな背の高い鏡は当時はかなり高価なものでした。

化粧室以外にも、像を写し光を反射させるという鏡の特性はインテリアの多くの場面で用いられてきました。特に光の量が少ない北の地域では好んで使われました。鏡はその後改良を加えられ、ドアのパネル、天井、暖炉の上などに張られ、ディテールの美しい部屋に更に輝きを付け加えました。

現在の鏡は透明ガラスに銀メッキを施し、その上から銀膜保護のため更に銅メッキを施し塗料を塗ったものが主流です。厚さも大きさも各種そろっており、壁全体を一枚で覆う大きさのものから、接着剤で固定するミラー・タイルやミラー・モザイクまであります。

上　織り目模様の入ったガラス・ブロックが曲面を描きながらシャワールームを覆っています。職人さんの技が光ります。

ガラス・ブロックのいろいろ（1-3）。色も豊富で、表面の模様もクリアなもの、つや消しのもの、波紋模様のものなど各種あります。

魅力を活かす方法

ガラス

　ガラスの魅力をどう活かすかということは、インテリアの最も重要な要素である自然光をどう取り入れるかということに他なりません。ガラスの透明性は心安らぐ自然な光で室内を満たします。しかし同時にガラスは視線を受け流すことによって、軽さ、存在感のなさを感じさせ、建物にある種の曖昧さ、浮遊感をもたらします。もちろんガラスはけっして軽い素材ではありませんし、現在では他の素材に負けない強度も備えつつあります。現代の住宅設計は、柔軟性、透明性といったものに重点が置かれ、できるだけシンプルで落ち着いた雰囲気を出す方向に向っていますが、ガラスはそうしたデザインのなかで室内と戸外、室内の各部を

左　下から照明をあてたガラスの棚が室内に柔らかな光を拡散さています。

右　枠と支えを最小限に抑えることによって現代のガラスの壁はほとんど無に近い存在になり建物の内部と外部の境界を消滅させています。

魅力を活かす方法

つなぐ素材としてなくてはならないものになっています。

製法の革新によりガラスの品質が格段に向上し、ガラスはインテリアの幅広い場面で活躍するようになりました。かつては空想の域を出なかったガラスの家は今では完全に実現可能になっています。とはいえガラスを多用しすぎると弊害も出てきます。ガラスの面が多すぎると歯が浮くような感じをあたえる場合があります。またどんな人も生活を他人に覗かれるのは好きではありません。ガラスは、木のように古くからインテリアの素材として活躍し存在感を持つ素材、あるいは金属のように滑らかな表面を持つ素材と組み合わせると、家の持つ安心感、抱擁感、安全性を損なうことなく十分にその魅力を発揮することができます。ガラスをインテリアに使うときは汚れでせっかくの透明性が損なわれることがないように特別注意が必要です。また特に子供が小さい時にはまぶしさでガラスと判らずにぶつかる可能性もありますから、その点も注意する必要があります。

下左　現代的構成のフランス窓です。フレームを細い金属にし、周囲もガラスにすることによって光と景色を最大限活かしています。

下　格子窓のほうが一枚ガラスのさえぎるもののない見晴らし窓よりも面白い効果を出す場合がしばしばあります。洗面化粧台のガラスの天板が光と透明感を強調しています。

魅力を活かす方法

ガラス

下　ガラスの筒の中に入っている色のついた液体は家庭用の液体石鹸やシャンプーです。窓の光を上手に利用した創意にとんだセッティングです。

上　ガラスのスクリーンがカーブを描きながら非常用階段の場所をそれとなく示しています。ガラスドアのラッカー塗装の金属の枠がとても粋です。

ガラスのドアや窓

　ガラスの改良とともに窓のデザインも大きく変わってきました。15、6世紀頃にはほとんどの窓が観音開きの窓でしたが、18、9世紀になると上げ下げ窓が主流になりました。そして現代では金属の窓枠に入った一枚ガラスの見晴らし窓が多く見られるようになりました。ガラスの窓やドアを選ぶ時に最も大切なポイントは、住宅全体のデザイン、住宅の年齢に合うガラスを選ぶということです。古い窓を現代的な張り合わせガラスのサッシの窓に変えることほどデザインを台無しにする改装はありません。古い家の場合、ドアを着色ガラスやステンドグラスの入ったものに替えると、美しい光が玄関ホールに満ち溢れます。建材の再利用の店やアンティーク商に行けば古い家やビルで使っていた格調高いドアや窓が揃っています。窓、欄間、ドアの既存のガラスを着色の装飾ガラスに変えるだけでも、玄関ホールの表情がずいぶん豊かなものになります。サンドブラスト加工やエッチングを施したガラスに替えることも良い方法です。

　現代的なインテリアや建て替え、サンルームの増設などの場合には、ガラスの効果ははるかに規模が大きくなります。1階部分のガラスの面積を少し広げるだけで、自然光の入りがまったく違ったものになります。既存のドアを天井までのドア兼用の観音開きのフランス窓にすると室内がぐっと明るく開放的になります。ただこの場合壁全体を1枚のガラスにしてしまうと、せっかくの外の景色を単調な動きのない背景にしてしまう可能性もあります。現代的なデザインにおいても、窓を何枚かのガラスに分割する方が一枚ガラスのさえぎるものがない窓よりも生き生きとしたリズム感を感じさせる場合が多々あります。

　光を多く取り入れたいが、開放的になりすぎるのには抵抗があるという場合には、拡張部分の屋根をガラスにします。この場合雨漏りには細心の注意が必要です。シリコンでできたシーリング材がありますので、それでガラスと枠の部分を結合すると耐磨耗性のある防水シールができます。規格品のサンルームも販売されていますので、現場に合えばそれを使うという方法もあります。

　天窓は空間に劇的な効果を生みます。特に階段の上の天井部分を天窓にすると、光が階段を伝わって下の階まで降りてきて広々とした感じが生まれます。この方法は窓の場所が家の前面と後部に制限され、光の躍動感をあまり感じることができないテラス・ハウスのような建物には非常に効果的な方法です。

魅力を活かす方法　85

ガラスのフローリング

ガラスのフローリングの上を歩くと、まるで空中を歩いているような気分になります。ガラスのフローリングは非現実的な体験と光の独特の効果を生み出し、ガラスの魅力をインテリアのなかで最大限に発揮させます。

とはいってもガラスのフローリングはあくまでも床のアクセントで、床全体を覆うと逆効果になります。中2階の通路や片持ち式階段、螺旋階段などに用いると、光と視線が一つの階から別の階へと自由に伸びて行くことができ、劇的な効果を生み出します。同様の効果を出す方法として、上の階が載っていない部分の天井にガラスを張るという方法があります。これはいわば上の階の床を下の階の窓にすることで光を多く取り入れるという方法です。ガラスで床にアクセントをつけるもう一つの方法として、ガラスの大きな箱を作り、その上面を人が通っても割れない強度にし、床と同じレベルになるように埋めるという方法です。例えばその箱の中に貝殻を入れてバスルームの床の一部に組み込んでみてはどうでしょうか？またダチョウの卵を入れて壊れやすさを演出してみてはどうでしょうか？

言うまでもないことですが、ガラスのこうした使い方は優れた技術を持つ経験豊かな職

人さんにしかできないことです。フローリングには厚い焼きなましフロートガラスを使います。とても滑りやすいので、適当な間隔でサンドブラスト加工を施し滑り止めにします。住宅用の場合は強度を考え、上面2cm下面1cmの合わせガラスを用いると良いでしょう。このタイプのガラスは大変重く動かすのに大変な力が要りますから、1m角のものを使うと良いでしょう。ガラス・パネルは必ず木または金属の枠で四方を支えるようにし、ネオプレンなどのゴムをクッションに入れるようにします。

下　ガラスのフローリングは経験豊かな確かな腕を持った職人さんにしかできません。そのため費用がかかりますが、出来上がったものは比類なく劇的な効果を生みます。

上　スチールフレームのガラスの階段と通路は階から階へと自由な視線の動きを妨げません。

前ページ上　サンドブラスト加工の水玉模様が階段の劇的な効果を損なうことなく滑り止めの役割を果たしています。

前ページ下　木の床に組み込まれた波紋のガラスの床、すりガラスのパーティション、ガラスの食器棚の扉、これらが浮遊しているような感覚を生み出しています。

魅力を活かす方法　87

魅力を活かす方法

ガラス

右　ガラスは一面全体を構成したときに最大限に魅力を発揮するということをシャワールームのガラス・ブロックは良く示しています。壁は研磨した漆喰壁です。

下　半透明のガラスパネルがキッチン部分をダイニングから仕切っています。必要に応じてパネルはスライドさせることができます。

ガラスのパーティション

　ガラスはパーティションとして最も理想的な素材です。室内を目的に合わせて分割しても、その透明性のため視線を遮ったり空間を狭く感じさせたりすることがありません。またガラスは光を空間から空間へ伝えることができるため、自然光の入りが少ない室内には最適です。

　ガラスのパーティションには固定式のものと、スライドや取り外しができる可動式のものがあります。固定式のパーティションにはガラス・ブロックやガラス・レンガを使うほうが良いでしょう。衝撃に強く、一般的なブロックやレンガとほぼ同じ機能を果たすことができます。現代的インテリア・デザインの

なかではガラス・ブロックはいささか平凡すぎると思われるかもしれませんが、バスルームやシャワールームなど透明性が高すぎると困る場所にはやはり最適の素材です。ガラス・ブロックは部分的に使うよりも一面全体を覆うように使うほうが美しく見えます。

ガラス・ブロックは重量がありますから、設置を考える時には下地床がその重量に耐えられるかどうかを必ず確かめるようにします。ガラス・ブロックの施工には特殊な技術がいりますので、経験豊かなスペシャリストに依頼しましょう。

ガラス・ブロックを構造壁ではない場所にパーティションとして使う場合には、もっと簡単により早くできる方法があります。枠と一体になったモルタル不要のセットが販売されています。少なくとも3方向を枠で固定するようになっており、その中にガラス・ブロックをゴムのガスケットで固定しながら嵌め込んでいくものです。

スライド式や旋回式のガラスのパネル、木や金属の枠に支えられたガラスのパーティション、ガラスの室内ドア、室内窓、照明、これらを上手に使えば、室内空間を自由自在に構成を変化させながら広々と活用することができます。どの場所にどのタイプのガラスを使うかさえ間違わなければ大きな効果をあげることができるでしょう。

下　サンドブラスト加工のガラス板がオーストラリア産のジャラ材の階段のための半透明のスクリーンになっています。

上　金属の細い枠に縁取られた半透明のガラス・パネルがクローゼットのカーテンのように用いられています。

魅力を活かす方法　89

魅力を活かす方法

ガラス

ガラスの設備と備品

　ガラスはインテリアの小物としても大変役に立つ素材です。繊細なガラスの棚板は、その上に飾られているものに視線を集中させ、照明の効果と合わさってガラスの食器やガラスの置物の透明感のある美しさを際立たせます。同様に前面にガラスを張ったキッチン・ユニットやバスルーム・キャビネットは、木や金属の厚板を張ったものに比べはるかに軽く感じられ、心を解放的にしてくれます。日用雑貨のチェーン店には組み立て、取り付けの簡単な規格品のガラスの棚がたくさん販売されています。キッチンやバスルームのはねよけ板をガラスにすると軽く拭くだけできれいになり掃除が簡単です。

　照明もガラスを使ってきらきらと輝かせたり、光を拡散させたりと、様々に工夫することができます。くもりガラスのランプ・シェードはどんな場所にも似合います。色ガラスをちりばめたシェードは宝石のような濃密な光を投げかけます。また水晶のような切子の垂れ飾りのついたガラスのシャンデリアや燭台は劇場のような豪華な輝きを客間にもたらします。

上　鋳型にガラスを流し込んでつくったシンプルな美しさのガラスのバスタブです。ガラスの壁もタイルの壁も縁を使わずに取り付けられ、超現実的なデザインになっています。

下　ミニマリズムを象徴するバスタブです。ガラスは枠も支えも使わずに、強力なシーリング材で固定しています。

最近ではバスルームのアクセントにガラスが多く使われるようになりました。特に多いのが、透明ガラス、着色ガラス、すりガラスを使った丸いボウルのような洗面器です。しかしガラスの魅力を最高に発揮させるセッティングは、ガラスのバスタブでしょう。ガラスはずっと以前から水族館やプールで観察用のパネルとして安全に使われてきましたが、家庭用のガラスのバスタブも、強力なシーリング剤の開発により特別な枠を必要としないすっきりとしたものができるようになりました。

右　鏡面を広く使うことによって空間を大きく見せ、自然光の効果を倍にしています。鏡面と大きな窓を直角に配置することによってバスルームからの眺望を一層広くしています。

下　ステンレスのシステム・キッチンにガラスの調理台と棚の組み合わせ。ガラスの切り口は「小口磨き」されていますから線がはっきりと出ています。

下右　通路の突き当たりの鏡の壁を開けると小さなバス・ルームになっています。床のタイルもガラス・タイルです。

魅力を活かす方法

ガラスの安全性と防犯対策

ガラスの家に住むといつも心配ばかりしていなければ、と思われる人が多いでしょう。普通のガラスは割れると鋭い破片が飛び散り大けがの原因になります。ガラスの危険性は、割れやすく破片が散乱しやすいということだけに限りません。透明なためその存在に気づかない場合があるということも問題です。これまで行われた安全性試験の結果、次のような場所で危険性が高いことがわかっています。フランス窓のようなガラス面の広いドア、ドア周りのガラスのパネル、低い位置のガラス面、そして床が濡れて滑りやすくガラスのパーティションやパネルにぶつかるおそれのある場所などです。

現在ガラスの強度は衝撃に耐えられるようにますます高くなっています。また割れたときにもできるだけ細かく砕け、破片が飛散しないように改良が進められています。最も安全性の高いガラスは、網入り板ガラス、強化ガラス、合わせガラスなどです。なかでも合わせガラスがすべての面から安全性に優れています。強化ガラスを張り合わせにしたガラスが現在最高に強度のあるガラスといえます。家庭の中でも危険性の高い場所にはこうした種類のガラスを使うようにしましょう。次善の策として、標準タイプのガラスを危険性の高い場所で使用する場合にはフィルムを貼り付けておきます。そうすると合わせガラスと同じように破片の飛散を防ぐことができます。

ガラスを用いたほとんどの設備は、4辺とも枠で支えるようになっています。しかしガラスを棚板や、テーブルの天板、あるいは片方だけを支えたカウンターなどに使うと、ガラスの縁が直接あらわれているところが出てきます。このガラスの縁は必ず丸く面取りをし、手などを傷つけることがないようにします。特に小さな子供がいるような家庭ではプラスチックのカバーをしておくほうが良いでしょう。

ガラスの床や階段は大変滑りやすくなっています。サンドブラスト加工を適当な間隔で施し、極力滑らないようにします。

家の外側に面したガラスの部分は、いわば家庭生活を示すショーウインドーのような意味を持っています。大きな一枚ガラスの見晴らし窓は、ガラスを割って侵入しようとする泥棒にとっては大きな音を出すおそれがあり入りにくいでしょう。その点ドアや窓の小さなガラスはより攻撃を受けやすいといえます。このような個所には強化ガラスを使うほうが良いでしょう。また破損すると電流が流れ警報装置を作動させるガラスも発売されています。1階の外側に面したガラス部分にはシャッターあるいは金属製の格子を付けておくとさらに安心です。

ガラスの手入れと維持管理

ガラスには壊れやすいというイメージがありますが、実はガラスは驚くほど耐磨耗性があります。800年から900年以上も役目を果たしつづけているガラスもあります。しかしだからといってクリーニングが必要ないかといえばまったくその逆です。ガラスは光沢を維持し透明性を保つためには、日頃の手入れが欠かせません。ガラスは指紋を始めとした油汚れに大変敏感で、指が触った跡や油が飛び散った跡がはっきりと残ります。最近では掃除を簡単にするために油分のつきにくいコーティングを施したガラスが開発され、特に高層ビルの窓などに使われています。しかし家庭での最善の解決方法は、やはり糸くずのつかない布にガラスクリーナーを含ませしっかりと磨くことでしょう。

左　ガラスが控え目で実用的なはねよけ板になっています。こまめに拭くことが大切です。

次ページ　エッチングやサンドブラスト加工のすりガラスは光をさえぎらずにプライバシーを守ります。ここではシャワールームのすりガラスに小さな透明の窓をつけ面白い効果を出しています。

魅力を活かす方法 93

金属

左　実用性に富みしかも洗練されて美しい。金属素材はインテリアになくてはならない素材です。波形鉄板がシンプルで気取りのないパーティションになっています。

右　ステンレスの螺旋階段を昇りメタルの踊り場に立つと格子の隙間から下の階が眺められます。工場のデザインを室内インテリアに活かしています。

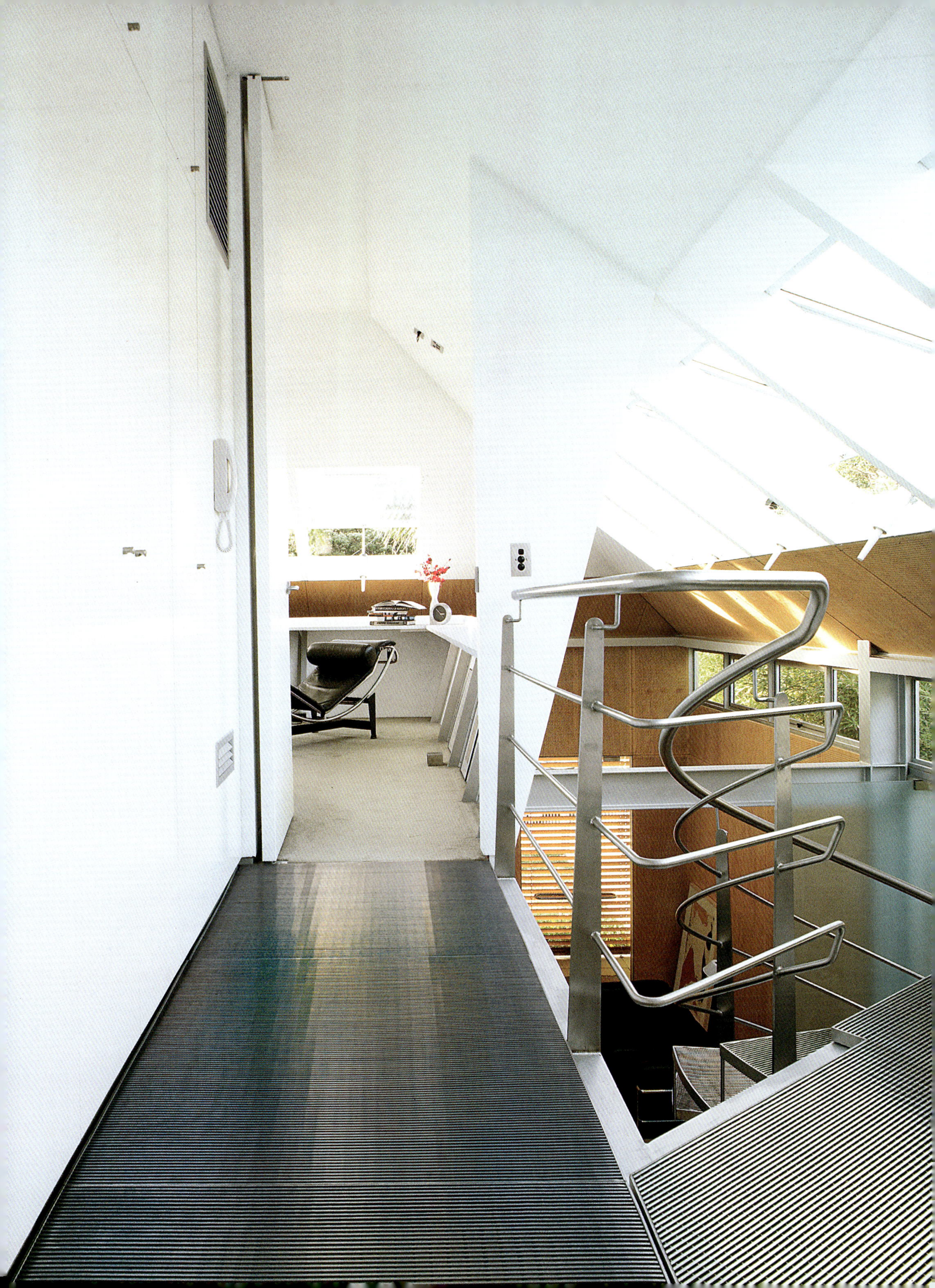

上　鉄骨の架構にガラスを組み込んだ構造の上に軽量の工業用ブリキの屋根が高く持ち上げられています。

　金属は研ぎ澄まされた挑戦的な美しさを持っています。世界中の都市の景観が鋼（スチール）とガラスのまぶしく輝く高層ビルで埋め尽くされています。最先端の航空機産業から賑やかな商業施設、重々しい工場まで、またアルミニウムから亜鉛メッキの鉄板まで、金属は現代の私たちの生活になくてはならない素材です。そして金属の持つ滑らかな光沢のある表面は、ステンレスで覆われた研究室や高級レストランの厨房のような清潔さと効率のよさを連想させます。

　初期のモダニストたちにとって、金属は本当に魅惑的な素材でした。ル・コルビュジエと連携して多くの有名な家具を製作したシャルロット・ペリアンは、1929年に『ザ・スタジオ』誌に発表した挑発的な論文「木か鉄か？」において次のように述べています。「**エッフェルタワー**はけっして木ではできなかったであろう。金属は木よりも優れた素材である。その理由を挙げればきりがない。それは重量に耐える力を持っている。それは大量生産することができる（労働力を削減することができる）。新たな製法を生み出すことによって新しい用途が生まれる。デザインの可能性が広がる。防錆の塗装をすれば維持管理の手間が省け、しかも大変美しい。金属は建築でセメントが果たしている役割と同じ役割を家具の製作において果たしている。**これはまさに1つの革命**

上　湾曲した壁には特別にデザインされたメッシュの
メタル・スクリーンが並べられています。シンプルな
現代的暖炉がスクリーンのなかで炎をあげています。

である。」

　鉄とその派生製品は建築に最も良く使われる素材です。それは最も強い建築素材であり、最も少ない量で建物を支えることができます。しかしそれは比較的高価で、錆びやすい性質を持っており、しばしば防錆処理をする必要が出てきます。こうして鉄の使用量は鉄が建築の骨組み用枠材として改良されていくのに伴って増大してきました。

　最初の改良はイギリス、シュロップシャー州コールブルックデールのエイブラハム・ダービーによってなされました。彼は18世紀の後半にコークスによる鉄の精錬に始めて成功し、鉄の品質を大きく向上させました。それはまた大量生産の引き金となり、鉄の価格は大きく下がり、市場を拡大しました。1779年には世界で始めて鋳鉄製の全長30mの橋、その名もアイアン・ブリッジがコールブルックデールのセバーン川に架かりました。その橋はエイブラハム・ダービーの息子によって設計されたものでした。このような建築物は史上初めてのものでした。というのは、それは各部材にかかる荷重とその強度を正確に計算しなければならず、そのため設計段階から技師と建築家が緊密に連携しながら作業を進めなければならないものでした。そしてこの共同作業こ

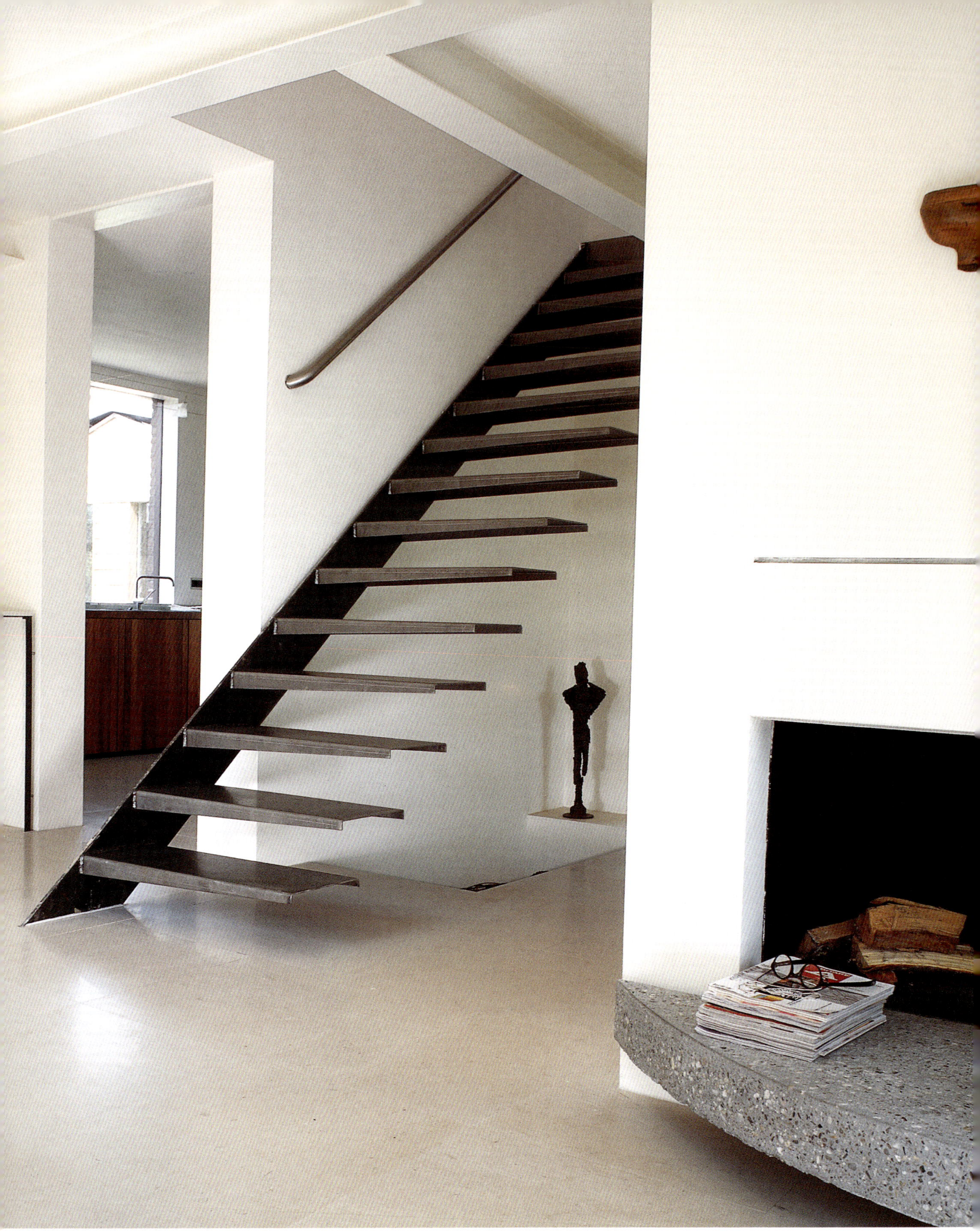

左　艶々とした石灰岩のフロアーにスチール製の片持ちの階段がくっきりと浮かび上がっています。インテリアのディテールに金属を使うと、明確なアクセントができます。特に中立的なミニマリスト的なデザインによく似合います。

右　すべて金属で構成したキッチンです。アルミの波形板が独創的なはねよけ板になっています。

そ現在の高層建築を根底から支えているものなのです。

　産業革命が進展していく中で、鋳鉄はまず工場の建築に使われるようになりました。その後ほんの数十年のうちに改良は一気に進み、この素材には軽量で高層の建物をつくりだす能力があることが劇的に示されました。1851年ロンドンに建設されたパクストン卿設計のクリスタル・パレスは鉄骨とガラスを組み合わせた建物でした。1848年にデシマス・バートンはロンドン、キューガーデンに鋳鉄の横梁にガラスの屋根を張った温室パーム・ハウスを造りました。またアンリ・ラブルーストはパリにサントジュヌヴィエーブ図書館（1843-50年）を建てましたが、それは細い鋳鉄の柱が高い架構の屋根を支えているというものでした。また社会的基盤の部面では19世紀の大きな鉄道駅はほとんど鋳鉄で造られ、その結果数組のレールが広い天蓋の下に並ぶことができるようになりました。クロード・モネの連作に描かれたサン・ラザール駅（1851-2年）は鋳鉄と錬鉄のトラスを組み合わせて造られていました。

　しかし鉄と鋼の本当の歴史はアメリカ式のビルディングとともに始まりました。建築資材としての鉄の次の飛躍が19世紀末、シカゴで起こりました。1871年シカゴは大火に見舞われ市の中心部のほとんどを消失してしまいました。炎のなかで剥き出しになっていた鋳鉄の梁や柱は溶けてしまいましたが、石やコンクリートに包まれていた鋳鉄は溶けていませんでした。この教訓はすぐに活かされましたが、最初は防火対策として始まった建築技法は、すぐに高く階を積重ねる方法へと発展し、ほどなく最初の超高層ビルが出現することになりました。19世紀末から20世紀初頭にかけ、シカゴとニューヨークに石材に保護された鉄骨によって支えられた高層ビルが次々に建てられました。

　比較的新しい素材である鋼（スチール）は、鋳鉄よりも大きな強度を持つ構造材をという建築界の要望に応える形で開発が進められました。近代鉄鋼業の父と呼ばれているヘンリー・ベッセマーは19世紀後半に数多くの製鋼法をあみ出し、遂にイギリス、シェフィールドに製鋼所を建てました。ベッセマー法で生産された鋼は当時のアメリカを象徴する代表的な建築物に用いられました。それが1885年シカゴのホーム・インシュアランス・ビルや1883年のエッフェル設計による自由の女神像です。

　新しい可能性を持った鋼を20世紀を代表する建築素材として位置付けたのが「モダン・ムーブメント」の人々でした。彼らは鋼とコンクリートの可能性を次々に証明し、超高層ビルへの道を切り開いていきました。シカゴに建てられた初期の高層ビルは、鋼の鉄骨をボルトで組み、それをレンガや石で被覆したものでした。ほどなく鋼の鉄骨だけで枠構造を組み、外壁にガラスを多用したビルが現れました。その後数十年も経ないうちにシカゴとマンハッタンの主な通りは鋼の鉄骨でできた摩天楼へと変わって

金属の美と歴史　99

右　ガラスのカーテンウォールの向こうにある鋼線の格子が日本の障子のようです。格子は防犯の役目を果たしながら家を優しく包み込んでいます。

いきました。1913年には60階建てのウールワース・ビルがニューヨークに完成し、1929年にはアール・デコ様式の77階建てのクライスラー・ビルが完成しました。そしてその1年後には、その後40年もの間世界一の高さを誇ることになる102階建てのエンパイア・ステート・ビルが聳え立ちました。

　鋼の鉄骨を組み上げる工法の確立（とエレベーターの改良）によってこのような超高層ビルが可能になりましたが、初期のものは必ずしも素材としての鋼の美しさを表にあらわしてはいませんでした。初期のモダニストの多くが鋼の柱や梁を隠すことを好むなか、ワルター・グロピウスやミース・ファン・デル・ローエ等はそれを積極的に表に出そうとしました。ミースの設計による1929年のバルセロナ万国博覧会ドイツ館はクローム・メッキした鉄骨柱が美しい主役になっていました。その後の彼のアメリカにおける作品や彼の信奉者達の作品はこの方法をさらに進化させていきました。ミースの設計によるイリノイ工科大学校、ファンズワース邸（1951年）、レイクショア・ドライブ（1951年）などの建築物は鋼が建築の主役になったことを高らかに宣言しました。

　建築素材としての金属の美しさをこれとはまったく異なった形で表現しているのが、チャールズ＆レイ・イームズ夫妻の設計によるカリフォルニアのイームズ邸（1949年）です。明るい色に彩色されたこの鉄骨造の家は、組み立て模型のようにあらかじめ工場で生産された部材やカタログから選んだものを現場で組み立てたものです。それから数十年後、これと同じように金属を親しみをこめて家庭のインテリアに持ち込む潮流がハイテク建築のブームのなかで現れました。それは創造的な廃品利用ともいうべきスタイルのものでした。このスタイルでは廃品利用という考えは、単に中古の部材を再利用するということにとどまらず、工業・商業施設の設備のスタイルを住宅のなかに持ち込むというものでした。ハイテク建築のブームは短命に終わりましたが、そのスタイルはインテリア・デザインに新しいアイデアとインスピレーションをもたらし、より洗練された形で引き継がれました。ハイテク建築はリチャード・ロジャーズのロイズ・ビルやロジャーズとピアノの共同設計のポンピドゥー・センターに見られるように「裏返し」の構造をしており、鉄骨の構造が剥き出しになっているだけではなく、以前は隠されていた供給設備が堂々と表に現れています。

　鉄、それも特に鋼を使うことにより建築はまったく新しいフォルムを獲得することができるようになりました。都会の空が鋼とガラスの摩天楼に覆われているとき、鋼を住宅の柱や梁に使うことによって住宅内部の空間も大きく変容しました。以前のように荷重を壁全体で支える必要がなくなったため、壁も屋根も全面ガラスを張ることができるようになり、室内は軽く、明るく、開放的になりました。またレイアウトも小さな部屋に分割するということにこだわらなくても良くなりました。構造面だけでなく、最近はインテリアの表面の仕上げとしても金属が多く使われるようになりました。金属は今でも工業的に生産されるものであることに変わりはありませんが、それはすでに私たちにとって自然素材の1つになっています。インテリアの主役として、あるいは脇役として、また無垢な素材、あるいは洗練された素材として、金属は多くの素材でできたインテリアに現代的な研ぎ澄まされた感覚を添えています。

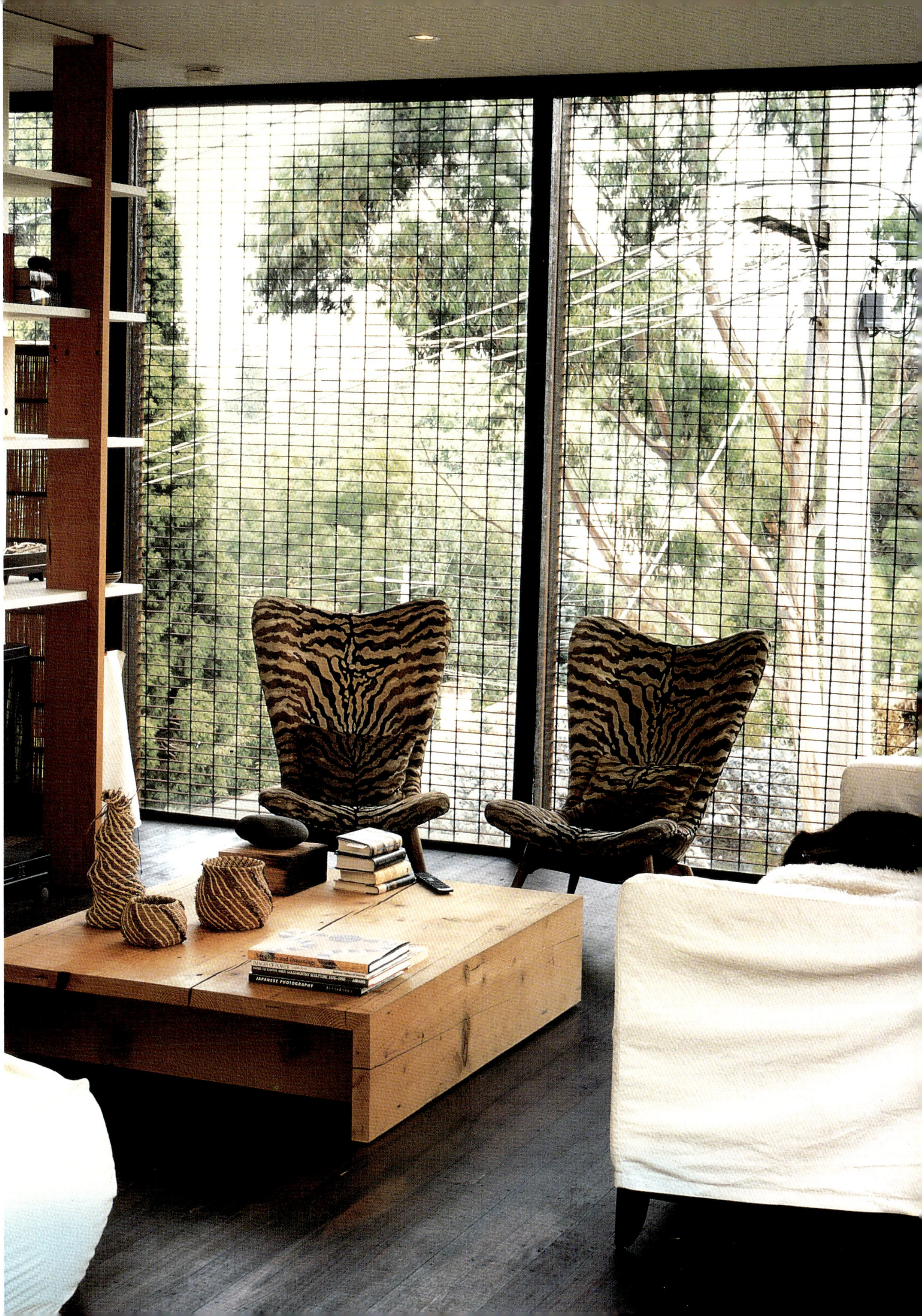

金属

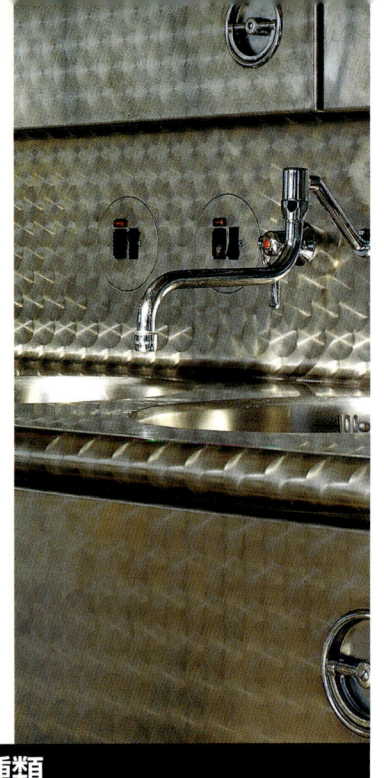

種類

上　滑らかな光沢のある表面を持つステンレスはハイテク様式のキッチンになくてはならない存在です。

金属は地中から採掘される鉱石から取り出されますが、大きく貴金属と卑金属の2種類に分けられます。貴金属には金、銀、銅、水銀などが含まれますが、どれも地殻のなかに純粋な形で存在しています。光沢があり、光を透過せず、触れると冷たく感じます。卑金属には、鉄、鉛、アルミニウムなどが含まれますが、それらは貴金属に比べ空気に触れると反応しやすい性質を持っています。

表面を見る限り滑らかで液体を浸透させないようにみえますが、建築やインテリアに用いられる金属のほとんどは腐食し、錆びつきやすい性質を持っています。金属はこの点からいえば他のどの素材よりも傷つきやすいということができます。そのためほとんどの金属は合金（例えばステンレス鋼のように）という安定した形にして使うか、塗装、メッキなどで表面を保護して使います。

すべての金属は熱と電流をよく伝導し、すぐに熱くなりますが、急速に熱を失います。

鉄

鉄鉱石は世界中に存在していますが、最大の鉱山は南北のアメリカ大陸にあります。鉄は溶鉱炉のなかに鉄鉱石、コークス、石灰岩を混ぜ入れ、それに熱風を送り1,300℃の高温で溶解させてつくります。こうしてできた最初のものを銑鉄といいます。銑鉄は鉄以外の成分を10％ほど含んでいますが、そのうちの4％は炭素です。

鋳鉄　圧縮力に対しては非常に強く、大きな荷重に耐えることができますが、弾力性に欠けるため、ねじれの力に弱く割れやすい性質を持っています。成型は鋳型に溶融させた鋳鉄を流し込んで行います。ストーブやかまどに使われる鋳物は油で固めた単純な形の砂の鋳型に鋳鉄を流し込むという数世紀も前から伝わる方法で作られています。錬鉄よりも腐食しにくい性質を持っています。

錬鉄　可鍛性があり伸張性に優れているため、引っ張りやねじれに対して強い性質を持っています。銑鉄にさらに酸化鉄を加えて鉄の純度を高めたもので、鋳鉄よりも炭素の含有量が少なく、粘性が高くなっています。半溶融の状態のときに、叩いて延ばしながら成型していきますが、一度成型したものでも再度加熱すると半溶融の状態に戻ります。こうした光景はテレビや映画などでよく見かけるとおもいますが、18世紀以前には武器や鋳物を除くほとんどすべての鉄製品、例えば蹄鉄、鍵と錠、取っ手、蝶番、支柱、手摺などはこの方法で鍛冶屋によって一つひとつ手作りされていました。産業革

下　独特の緑色の手すりを持つ螺旋階段に金属にしかできない装飾がほどこされています。

鋼（スチール、はがね）

鋼は銑鉄から余分な炭素や不純物を除去した98から99パーセントの純度の高い鉄です。用途に応じて他の金属を混ぜ合金にします。何百種類もの合金がつくられ、それぞれが異なった性質を有しています。

鋼は鉄よりもかなり強度に優れていますが、錆びやすいという欠点を持っています。鋼は鉄に比べ曲げやすく折れにくい性質を持っています。鋼の大量生産が行われるようになったのは19世紀の中頃からですが、小規模な形では鋳鉄を熱し炭素を少なくするという方法で古代から行われていました。刀剣や工具類がこの方法で作られました。鋼の大量生産の道を開いたベッセマー法は、一言でいうならば転炉のなかで溶融した銑鉄に圧縮空気を送り込み、それによって炭素などの不純物を燃焼させ鉄の純度を高くするというものです。

現在では製鋼法には2つの方法があります。1つは上に述べたように転炉で銑鉄の不純物を燃焼させ除去するという方法です。もう1つは電気炉でくず鉄を溶かし、精錬するという方法です。溶融した鋼はインゴットにされ、その後圧延、切断などの過程を経て鋼板、薄板、型鋼、線鋼などに製品化されます。

鋼は他の様々な金属と合金にされることによって、いろいろな特性を持つ合金鋼になります。例えばマンガンを加えた鋼は衝撃に強く、タングステンを加えた鋼は高温に対して強いという特性をもっています。合金鋼ではない鋼は普通鋼または炭素鋼と呼ばれ、普通の建築材料として使われます。鋼にクロム、ニッケル、マンガン、銅

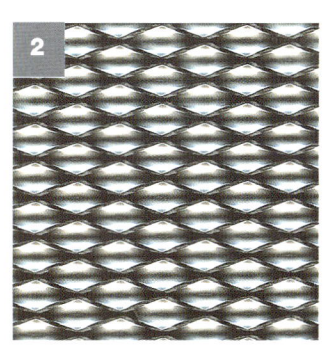

上　シンプルな現代的階段の手すりとして鋼は理想的な素材です。

命以後ほとんどの金物は型に入れて作られるようになり、今では錬鉄を鍛造して作るものは一部の装飾品に限られています。

鋼はさまざまにコーティングしたり模様をつけたりすることができます。
（1）つや消し刷毛目模様のステンレス鋼
（2）強度を高めた強力ステンレス鋼
（3）格子模様
（4）波紋模様

種類　103

上　ステンレス鋼を使うとディテールの線がくっきりと目立ちます。

などの金属を5％以下加え、強度を強くしたり、錆びにくくしたりした合金を低合金鋼といいます。合金鋼の代表的なものがステンレス鋼ですが、これはクロムとニッケルを20％前後含み、価格は鉄よりもかなり高くなっていますが、ほとんど錆びたり腐食したりすることはありません。

　鋼はペイント、ラッカー、エナメル、アクリルなどによって塗装し、錆びを防ぎ、耐火性を強めることができ、また彩色を施すことができます。ほとんどの場合時間が経つと再塗装が必要になります。鋼はまた錆びを防ぐために亜鉛でメッキすることがあります。また、より高価になりますが亜鉛以外にも錫やアルミニウムでメッキすることもあります。その他に、コルテン鋼という商品名で呼ばれる耐候性鋼材というものもありますが、これは鉄、炭素、銅、燐の合金で、表面にできる錆びが鋼自身を保護する性質を持ったものです。

　鋼を接合する一般的な方法としては、溶接、ボルト、リベットの3つの方法があります。リベットで接合する方法はあまり多く用いられていません。溶接は強力に接合することができ、費用も少なくてすみますが通常は工場でする必要があります。ボルトで接合する方法は現場で素早く簡単に接合することができますが、穴をあけているため強度が弱まります。

アルミニウム

　アルミニウムは地殻中3番目に多く存在する元素で、銀色に輝き非常に腐食しにくい金属です。鉄のほぼ3分の1の軽さで、その軽さを利用して航空機に多く使用されています。また比較的安価な金属です。アルミニウムはもともとは強度の低い金属ですが、1930年代の終わりに熱処理で合金を造る製法が開発され、鋼と変わらない強さ、硬さ、弾性を持つようになりました。

　空気に触れると表面に酸化皮膜ができますが、この皮膜自体がア

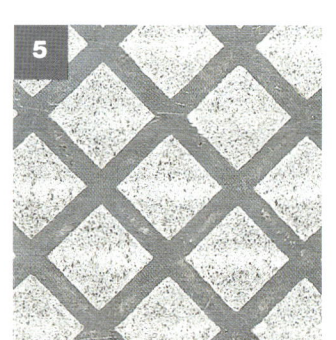

アルミニウムは軽く腐食しにくいという長所を持っています。表面の模様はいろいろ揃っています。
（1）刷毛目模様
（2、3）ドット模様
（4）5本槍模様
（5）格子模様

上　銅板の蹴込み板が各段板の下の幽かな照明に照らされ独特の美しさを醸し出しています。

ルミニウムを腐食から守ります。しかし皮膜が厚くなるとそこに小さな孔が多く生じます。染色してこの孔を装飾的に利用することもおこなわれています。

亜鉛

　亜鉛はアルミニウム同様に腐食に強い性質を持っています。そのため銅や鉄のメッキに多く用いられます。メッキとは別に、回転するドラムのなかで金属を高温に熱しそれに亜鉛の粉を吹き付け表面で溶かして皮膜をつくる亜鉛焼きという方法もあります。亜鉛と銅の合金が真鍮ですが、黄金色に輝き銅よりも強く腐食しにくい性質を持っています。亜鉛の薄板は軟らかく簡単に曲がり、キズがつきやすい性質を持っています。

銅

　銅は古代からよく知られていた金属です。その名前Copperはローマ時代の主要な産出地であったキプロス島（Cyprus）に由来しています。銅は北および東ヨーロッパの地域では古くから屋根を葺く材料として使われてきました。独特の赤茶色をしており、電気の伝導率が非常に高い金属です。亜鉛との合金は真鍮です。錫との合金は青銅（ブロンズ）ですが、これは大変強く腐食しにくい性質を有しています。

錫

　錫は白い色をした金属で、古代からよく知られていました。腐食に強い性質を持っているため、今日でも他の金属をメッキする時によく用いられています。アルミニウム同様に強い酸化皮膜をつくり、表面を腐食から守ります。加工のしやすい金属ですがそれ自体は特別強い金属ではありません。

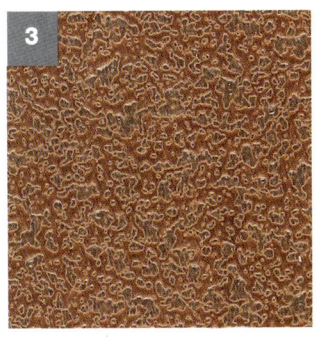

銅は暖かさを感じさせる金属です。フードなど暖炉の周りによく使われます。しかし変色しやすく掃除をこまめにする必要があります。
（1）研磨仕上げ
（2、3）梨地緑青

魅力を活かす方法

金属

　あらゆる住宅で、たとえ昔風のインテリアでも、金属素材はいたるところに使われています。つまみ、取っ手、暖炉の火箸、蝶番、ノッカー等々、住宅の中を見渡せば多くの金属の小物があります。それらは使われている金属がステンレス鋼であったりクロムや真鍮であっても、総称して「金物」として販売されています。また流し台や、暖房用ラジエター、ランプのかさ、電気器具などはあまりにも平凡すぎて、特に金属素材とは意識されないほど身近なものになっています。金属素材の美しさが意識されるためには、流し台のはねよけ板、カウンターの天板、あるいは床などある程度広い面積が露出されている必要があります。滑らかに研磨された金属は光を受け美しい輝きを放ちます。また刷毛目模様の金属はつや消しの鈍い光を一面にたたえます。また塗装した金属は鮮やかな色彩でアクセントを添えます。

　とはいえ金属は少し使うぐらいが飽きがこなくて良いでしょう。室内を金属で覆ってしまうと、まるで独房のように感じられ、冷たく人を拒むような雰囲気が出ます。また音が鋭く響いてしまいます。金属素材の魅力を活かすヒントを工場や商業施設から取り入れることができますが、その時はすこし抑え気味

上　ステンレス・スチールは衛生的にもデザイン的にもキッチンに最適な素材で人気があります。ここでは既存の流し台の前面扉に薄い鋼板を張って現代的にしています。

にする必要があります。そうしないと倉庫や、工場、研究施設などで生活しているような気持ちになってしまいます。

金属素材で縁どる

　金属は大変強い素材ですから、少しの部材で形を造ることができます。そのためガラスの枠として最適です。しかしその性質をインテリアに利用する時、特にリフォームをしたり既存の建物に新しい窓をつけたりする時には少し配慮が必要です。

　金属素材とガラスは古くから仲の良い相棒でした。15、6世紀の窓は軟らかな加工しやすい鉛の枠に数枚の小さなガラス板を嵌め込んだものが主流でした。18世紀から19世紀初頭にかけては、錬鉄や鋳鉄の窓枠にガラスを嵌め込んだ明かり取り窓が流行しました。また19世紀後半には、白く塗装した手の込んだ鉄の骨組みにガラスを張った温室が流行しました。

　現代では鉄とガラスの組み合わせによって光と眺望を満喫できる住宅が造られるようになり、室内と戸外の境界が消失させられました。古い家の正面を金属素材の枠とガラスの組み合わせで改築することはあまり名案とは言えませんが、家の後部や最上階にこの組み

魅力を活かす方法

金属

合わせを持ってくると斬新で大変効果的になることが多いようです。

また金属素材を使って吹き抜けの高い空間に自由な雰囲気の中2階や踊り場をつくることもできます。簡単なものでは足場用の柱を留め金で組み立てるセットになった安価なものも用意されています。

上　足場用パイプが違和感なくキッチンの設備として再利用されています。

上右　有孔パネルの段板が階段に質感の面白さを加えています。

右　ステンレスとアルミの実験室のようなキッチンです。

金属素材のフローリング

どんなに首尾一貫したモダニストでも床に全面的に金属板を張ることに賛成する人はいないでしょう。しかし実用的にも美的にもぴったりくる場所に金属板を張ると、新しい感覚で空間を活気づけることができます。金属素材のフローリングが最も似合う場所は、階段の段板、中2階の通路、ちょっとした廊下などですが、それはその狭い表面がメインの床に対して視覚的、質感的なコントラストを創りだすことができるからです。また船のデッキの通路や線路の上の歩道橋を歩く時のように、場所から場所へ、階から階へという移動にわくわくする特別な感覚を付け加えることができるからです。格子のパネルやメッシュの金属板を吹き抜けの空間の通路に用いる

下　貯水施設を改造した室内に工場用の金属製はしごが良く似合います。段差の滑り止めに張られた金属の踏み板が、はしごやパイプと素材的に共鳴しています。

と、視界をさえぎることなく新しい経験をインテリアに持ち込むことができます。

金属板や金属タイルも床の仕上げに使うことができます。アルミニウムや亜鉛メッキの素材が最適でしょう。特に床に強度の問題があるときは、アルミニウムは鉄の3分の1の重さしかありませんから軽くてよいでしょう。通常踏み板と呼ばれる工業用の床板は滑り止めにひし形やダッシュ形の模様を打ち出しています。金属板を床板に使うときはくれぐれも滑りやすいということを念頭において使うようにします。また金属素材の床板の欠点として、冷たく音が響くという点もありますからこの点も配慮が必要です。

金属の床板は水平を確保した木やコンクリートの下地床の上に張ります。タイルや板を固定するには接着剤またはネジ釘を使います。接着剤はタイルがずれない程度にしてあまり付けすぎるのは良くありません。

金属素材は支柱として、あるいは手すりとして、現代的な階段になくてはならない素材です。また家庭用の螺旋階段のフレームには一般的に金属を使います。注文に応じて製作してくれる会社がたくさんあります。

金属の表面を活かす

多くの金属は簡単に折り曲げることができ滑らかな表面と輝きを持っていますから、壁や天井を被覆する素材として頻繁に用いられます。最も軟らかい金属である亜鉛板はカウンターの天板やはねよけ板としてよく用いられます。キズがついても錆びることなく、年

魅力を活かす方法

金属

上　スチール製の光沢のある床が暖炉の赤い炎を映し出し、お洒落な雰囲気を出しています。

右　ペントハウスの光景です。天井には塗装した波型のアルミ板を張っています。

左　仕切り壁の金属の有孔パネルが滑らかなコンクリートの床によく似合います。

右　バスルームの壁に張られたシンプルな波型鉄板は年月と共に味が出てくるでしょう。

下　ハイテク風なリブ型鉄板の天井板。

最下段　すだれ状の電動式アルミ・ブラインドが可動式のパーティションになっています。

齢にともなって増えるしわのように趣が出てきます。パリのレストランやカフェの亜鉛張りのカウンター（ジンク・バー）には想像をかきたてる趣があります。キッチンのはねよけ板やカウンターの天板に使うときには、接着剤でとめることもできます。またカウンターの天板に張るときは端を折り返して裏側に平らな鋲で止める方法もあります。

ステンレスはキッチンの表面を覆うものとして理想的な素材です。それを使うとプロのコックのような気分で料理が楽しめます。卸商でカットしてもらうこともできますし、規格品でもいろいろなサイズが販売されています。またプラスチックで裏打ちしている小片をつなぎ合わせるものもあります。外壁や屋根に張る素材としてよく用いられている波型の金属板は、内壁やパーティションの素材としてインテリアに使うと力強さを表現することができます。また波型や格子の金属板を使った天井は、ハイテク様式の雰囲気を演出します。

魅力を活かす方法　111

左　業務用の厨房設備と工場用棚板がどっしりとした本格的なキッチンを創りだしています。

右　古いテーブルに錫が張られ現代的に蘇りました。

右端　独房用トイレと露出したレンガ壁が素材的な好対照をみせています。

魅力を活かす方法

金属

金属製品の再利用

　一部の建築家やインテリア・デザイナーが最近ハイテク様式に触発され、オイル・タンクや貯蔵庫、車の部品などを大々的に再利用して室内を飛行場の格納庫のようにする試みをおこなっています。それは単なる再利用の域を越えて、3次元的な現代彫刻の領域に踏み込んでいるようです。

　そこまで大規模でなくても、道具類を掛ける格子の棚、作業用椅子、体育館用ロッカーなど業務用品問屋やカタログで手に入るものを家庭内で使ってみるのも面白いでしょう。いま建築家が好んで使っているのは、ステンレス製の独房用トイレです。それは実に堅牢

で掃除もしやすく、現代的なセンスに溢れたデザインをしています。

　事務所や商業施設の不要品を安く販売している店などにも掘り出し物がたくさんあります。それらは、最近の素材に対する流行を反映してか、灰色や薄緑色の塗装をはがして売られています。キャビネットや事務机はそのままではあまり目を引きませんが、塗装をはがして金属の表面をピカピカに磨いて陳列されているとなぜか目を引きます。

金属のディテールの魅力

　金属の設備や備品を上手に使うとインテリアに現代的な研ぎ澄まされた感覚を導入することができます。それらは住宅設備のチェーン店に行けば手に入れることができます。金属製の収納ボックスは壊れにくく、見た目も魅力的で小物の整理に重宝します。アルミのよろい板のベネチアン・ブラインドは現代的なインテリアによく似合います。色も各種揃っていますがアルミそのものの色を出しても魅力的です。金属製の電球の傘、額縁、書棚、なども面白い効果を出すことができます。

　ガーデン用の金属製の備品、例えばパイプの折りたたみ椅子や円形テーブルなどを室内で使うのもおもしろいでしょう。また少し値が張りますが、20世紀の有名な建築家の多くが金属をモチーフにした椅子をデザインしています。ミース・ファン・デル・ローエやマルセル・ブロイヤーなどの初期のモダニストたちは、自転車用の軽量鉄パイプを使って片持ち式の椅子を製作しました。またアルミニウムの熱処理法が開発されると、ハンス・コレーは有孔アルミニウムを使った軽量で堅牢なランディー椅子を発表しました。

　キッチンのオーブン周りや暖炉の火床、火箸などにはずっと以前から金属が使われてきました。古い鋳鉄製のストーブは当時のインテリアに合わせて黒色か白色に塗装されていますが、塗装をはがして金属本来のガンメタ

右　長い間使っているうちに金属は古色を出しますが、それはけっして嫌なものではありません。梨地模様がキッチンに優しい光を反射し温か味を出しています。

左ページ下　線が際立つ現代的なキッチンに刷毛目模様のステンレスが使われています。金属を広い面に使っていますが柔らかな感じに仕上がっています。

下　亜鉛は軟らかく加工しやすい金属で、フランスのカフェのカウンターによく用いられました。ここではスライディング・ドアに亜鉛板を張っています。

魅力を活かす方法　113

ルの色のまま置くととても現代的な感じが出ます。また現代的な鋼製の石炭ストーブや薪ストーブには彫刻的な美しさを持ったものが多くあり、色や質感も各種揃っています。

最近では織物のような質感を持った金属製品が多く登場してきています。緻密な金属のメッシュで紗布のように七色の虹の輝きを持つものもあります。

左と下　半球形の洗面器と円形のバスタブ。ステンレスは現代風のバスルームのセッティングに幾何学的な形や要素を導入するためによく使われます。

金属の手入れと維持管理

錆びはすべての金属の大敵です。そのため金属を錆びや腐食から保護するためメッキや合金の開発が古くから行われてきました。しかし錆びは主に金属を戸外で雨ざらしにしたときに問題になります。鋼は室内の乾燥した場所ではあまり錆びることはありません。

再利用の事務机やキャビネットなどをペイントをはがして使うときには、そのままでは錆びるおそれがあります。特にそれらをバスルームなど湿気の多いところで使う場合には問題になります。その場合にはサンドペーパーや金たわしで錆びを柔らかく取り除き、つや消しのラッカーを2度塗りします。塗装の内側から錆びが出て、表面が盛り上がってき

魅力を活かす方法

金属

左　つまみや取っ手の金属の輝きはインテリアにアクセントを添えます。ステンレスはあまり錆びませんが、輝きを維持するためにはやはり時々磨いてやる必要があります。

右　刷毛目仕上げにしたステンレスのダブル・シンクの流し台が柔らかく自然光を反射させています。キッチンの窓から見える植物のグリーンが金属特有の鋭さを和らげています。

ているような場合には全面的に塗装し直す必要があります。

　通常は室内用に作られている金属製品はあまり手入れする必要はありません。キッチンのステンレス製品についている頑固な油汚れも磨き粉入りの洗剤を使えばすぐに落ちます。真鍮の場合はわりと頻繁に手入れをして磨く必要があります。取っ手などの真鍮の備品は使ううちにくすみが出ますので、真鍮用の洗剤や研磨剤で磨きます。

レンガ・タイル

左　レンガやタイルはインテリアに楽しいリズムをもたらします。4枚1組の磁器質タイルを太い目地がくっきりと縁どり、実用性に富んだ現代的センス溢れるフロアーになっています。

右　20世紀スロベニアの建築家ジョゼ・プレクニックのレンガを張ったドラマチックな螺旋階段です。中心の柱の周りに楕円形の螺旋が描かれています。

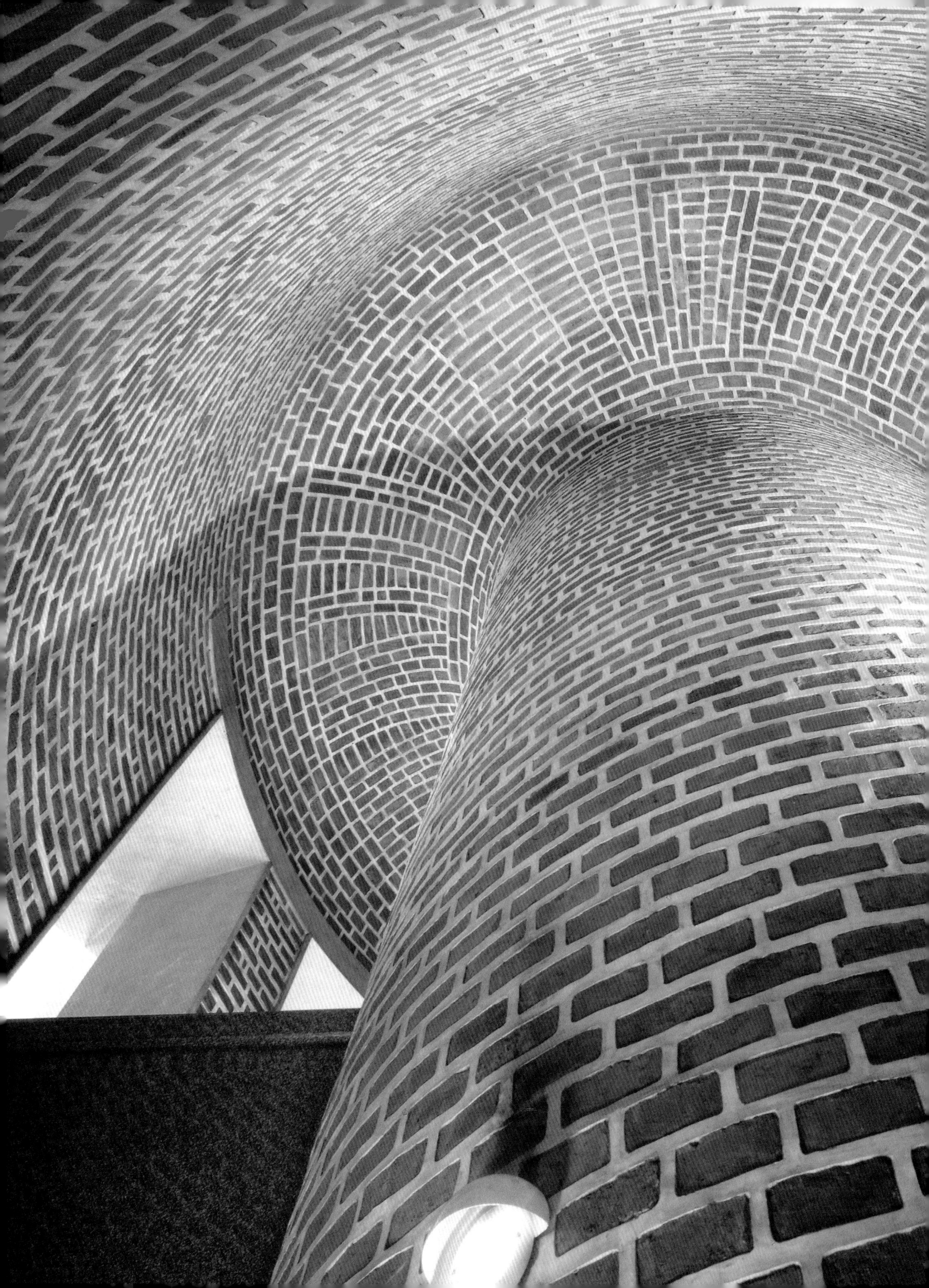

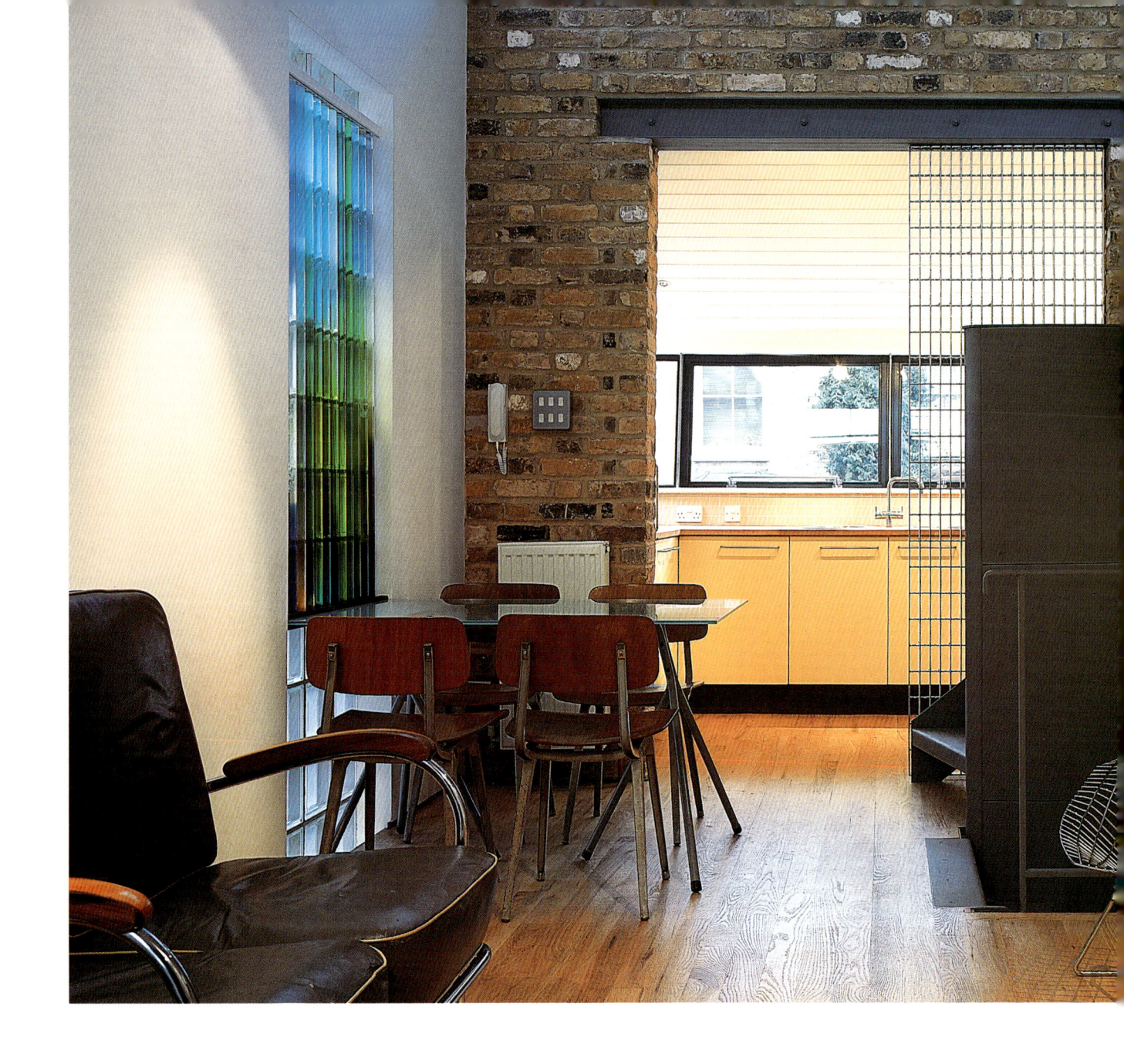

レンガもタイルも土を原料にしていますが、両者の共通点はそれだけではありません。レンガもタイルも手になじむ大きさをしていますが、それはそれらが基本的に手作業によって積まれ、張られるものであるということを物語っています。それらの表面がつくり出す繰り返しのリズムは活気があり、日常生活の匂いに充ちています。機械で大量生産されるようになった今でも、レンガやタイルは人間味に溢れています。テラコッタというのはイタリア語で「焼いた土」という意味ですが、テラコッタには飾らない素朴な美しさがあり、田舎風でも都会的でも、どんなインテリアにもよくマッチします。また磁器質タイルは現代的なシンプルな線の美しさを表現することができます。

　レンガは人間が生産した建築素材のなかでも最も古い歴史を持っています。今から6,000年以上も昔の中東で、粘土とわらを混ぜたものを日光で乾かし固めたものがレンガの起源と言われています。それに近いものが今でもアフリカの泥土のレンガ、中東および南アメリカの日干しレンガとして残っており、家の建築に使われています。テラコッタ・タイルも原料はレンガと同じです。工業化によって大量生産されるようになる以前は、レンガもタイルも川の傍や沖積土が採れる場所の特産品でした。そのため採れる粘土の質の違いによって場所ごとにレンガやテラコッタの色や材質も異なっていました。しかし逆に、同じ土を使い同

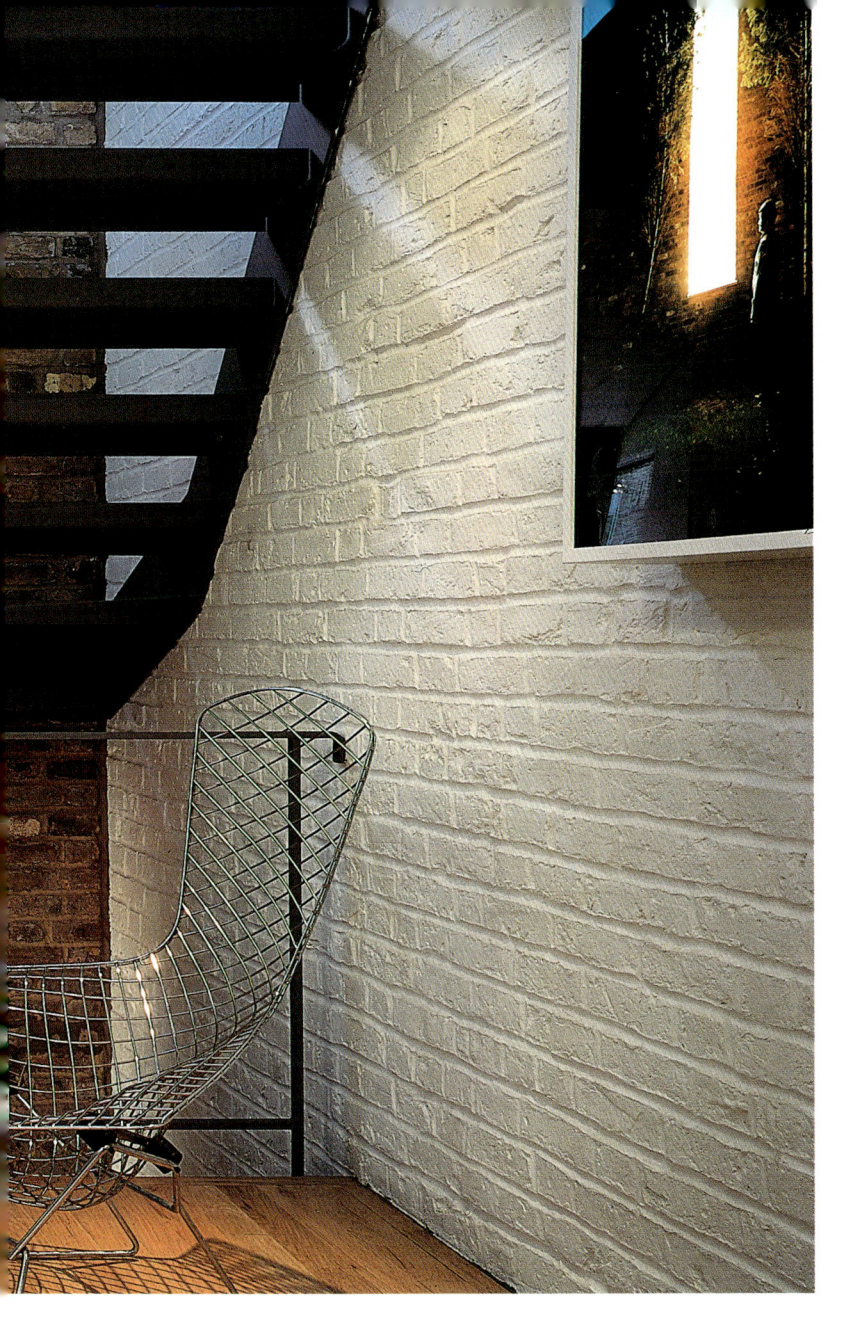

左　すっきりとした現代的なインテリアのなかで剥き出しのレンガの壁と塗装したレンガの壁が対照的な美しさを見せています。古いレンガは専用の磨き粉を使うとすぐにきれいになります。またレンガ用のペイントも販売されています。

じ方法で同じ人間によって焼かれているため、今も残っている古いものを見ると現代のものよりもはるかに同質のあじわいが感じられます。その代表的なものが中世のレンガです。それは現代のものよりもかなり薄く、15世紀までのものは「壁タイル」と呼ばれていました。

　レンガはまた北ヨーロッパ、特にネーデルランド、ドイツ、イギリスでは古くから主要な建築素材のひとつでした。それはアムステルダム、ライデン、ユトレヒトなどの落ち着いた雰囲気のオランダ商人の家や、イギリスの歴史的都市のテラスハウスなどの個人の住宅に用いられただけでなく、イギリスのハンプトン・コートやキューに見られるように宮廷や教会の建築にも用いられました。今も残るレンガ造りの精巧な組み合わせ煙突は一見の価値があります。イギリスやオランダから新世界に渡った人々はレンガ建築の技法も一緒にそこに持ち込みました。独立戦争以前から栄えたアメリカの都市や街では、瀟洒な植民地風レンガ造りの家が主流でした。よく保存されている代表的なものがバージニア州にあるトーマス・ジェファーソンの家、モンティチェロです。アメリカ同様にオーストラリアにもイギリスのレンガ建築の技法は輸出されました。しかしそこでは木造の骨組みの上にレンガを張ったものが多く、家の富かさを誇示するものとして用いられたようでした。これとは別に、19世紀のゴシック・リバ

イバルにともなって多色のレンガが登場し、ヨーロッパ・スタイルとして世界的に広まっていきました。それは今でも世界中の都市に色彩豊かな美しい駅舎や教会、図書館、公会堂として残っており、市民の自慢のひとつになっています。

現在ではレンガは家庭にしっかりと根を下ろし、前衛的な素材ではなく、落ち着いた伝統的な素材になっています。しかし20世紀全体を通して多くの指導的な建築家が、レンガは現代的な美を表現できる素材であると確信していました。なかでもフランク・ロイド・ライトはレンガ造りの家に真剣に取り組みました。その代表作がシカゴのロビー邸です。そこでは薄いレンガによってつくられた何本もの線が、建物正面の水平性を強調しています。スカンジナビアの建築家も、例えばアルヴァ・アアルトがフィンランド、セイナッツァロの役場（1950年）で示したように、レンガを使ってモダニズムの理想の形を示そうとしました。そ

左　シャワールームのモザイク・タイルの軽やかな直線と掃きつけ仕上げのコンクリート・ブロックの力強い質感が対照的で面白い効果を出しています。

右　洗面器になった古い石の流し台、モザイク・タイルのバスルーム、踏みならされたテラコッタ・タイルの床、そしてインドネシア製の椅子。自由な発想で素材が生き生きとしています。

こでは床と壁に張られた露出したレンガが、すっきりとした線と最小の設備で構成されたインテリアのための暖かい質感豊かな背景となり、安らぎのある家庭的な雰囲気を演出しています。

　古代ローマでは建物の床にしばしばテラコッタ・タイルが張られていましたが、それはレンガ造りの技法同様にその後眠ったままで、ようやく13世紀の終わりごろにムーア人の手によってスペインに再度持ち込まれました。その後その技法は徐々にヨーロッパを北上し、またスペインの植民地である中央および南アメリカに伝わっていきました。こうしてテラコッタ・タイルの技法が世界各地に伝えられ、各地で独自の発展を遂げることになりました。

　手作りのテラコッタのフロア・タイル──「パメット」と呼ばれていました──は、基本的には25cm角の正方形をしています。産業革命以後、大量生産のタイルによって手作りのテラコッタ・タイルは駆逐されていましたが、最近数十年の、自然な本物の味わいをインテリアにという動きのなかで再度脚光を浴びるようになり、古いものが探し出されるようになりました。

　テラコッタ・タイルは主に床に張るためのタイルで、色もあまり多くありませんが、もう一方のタイル、施釉タイルは色、サイズ、デザインとも大変多くの種類が揃っており、用途も多方面に及んでいます。9世紀バビロニアを起源とする施釉タイルは中近東や北アフリカで盛んに使われ、15世紀にスペインに伝わったといわれています。イスラム教の勢力の拡大とともに、それは宮殿やモスクの床や壁に鮮やかな幾何学模様を描くために盛んに使われました。その多くが星や十字型の抽象的な図形をかたどったものでしたが、それはイスラム教が宗教的な建造物に具体的な絵や像を描くことを禁止していたからでした。

　同じ道程をたどってもう1つ別の伝統的タイルの製法が西ヨーロッパに伝えられました。それが錫釉タイルです。同じく中東を起源としていますが、おそらくそれは中国の白磁を模倣して作られたものと思われます。素焼きしたタイルに白い釉薬をかけ、それに顔料で装飾を施して再び窯に入れ表面にガラス質を浮かび上がらせたものです。イタリアのマジョリカ焼はこの技法を発展させたものですが、それを受け継ぎもっと大々的に発展させたものがオランダのデルフト焼です。白と青で描かれる中国風の模様を持つこのタイルは、17世紀以降世界中に輸出されつづけています。タイルもレンガと同じようにすぐに家庭に取り入れられました。タイル張りの床や壁は飽きがこず、親しみが持て、汚れもさっと拭き取れます。貴族の邸宅の乳製品保管室や食糧貯蔵庫の床はタイル張りになっていましたが、それはタイルが室温を低く維持するのに役立つからでした。

レンガ・タイルの美と歴史

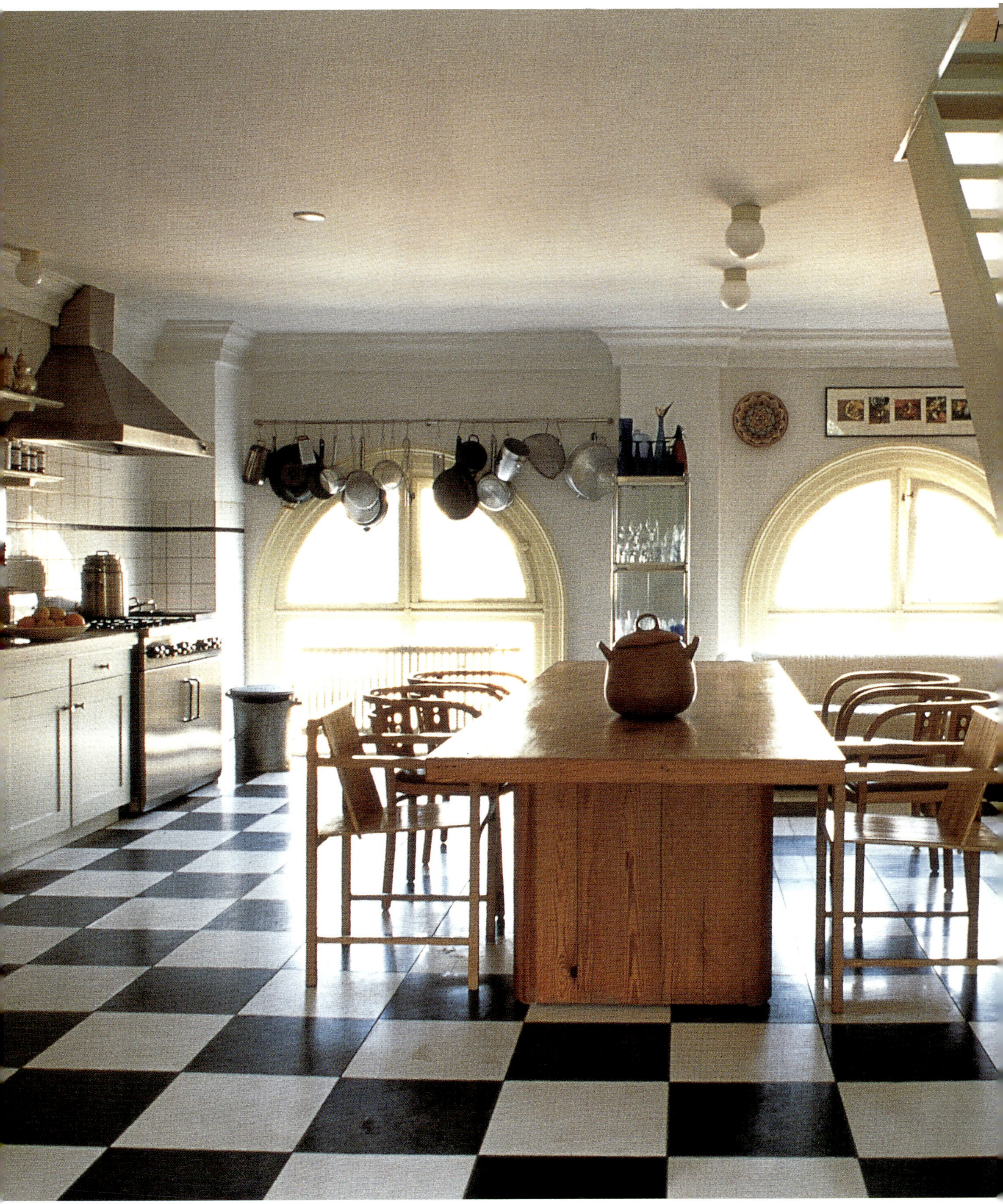

左　タイルは家庭的な素材です。アムステルダムの学校を改造した住宅ですが、キッチンの白いタイルと床の市松模様のタイルが楽しげで光に満ちた空間を創りだしています。

　19世紀後半に伝統的な釉薬技法と施釉タイルに対する関心が復活しました。中世の時代の象嵌タイル（現代では機械生産ですが）や手描きタイルが、エステティック運動、アーツ・アンド・クラフト運動やその後のアール・ヌーボにおいて盛んに作られるようになりました。ウィリアム・ド・モルガンはそれを芸術にまで高めたことで有名ですが、彼らはずっと遡ってムーア人の造ったものからも多くを取り入れました。ロンドンのレイトン・ハウスにこの頃の異国情緒溢れるタイル張りの最も代表的なものを見ることができます。この時代もタイルは主としてキッチンや廊下の床に張る素材として用いられましたが、以前よりも一層装飾的に使われるようになりました。例えば鋳物の暖炉の周囲の壁にタイルが張られるようになりました。

　20世紀の後半に入るとタイルはもっぱらその実用性に目が向けられるようになりました。熱帯地域ではその冷たい感触のため伝統的にタイルが床や壁に用いられてきましたが、気候の温暖な地域でもタイルはキッチンやバスルームの床や壁に、装飾とは別の理由からもよく利用されるようになりました。というのは、タイルを張ることによって水をはじき、掃除が簡単になるからでした。現代の磁器質タイルは寸法が正確で、安価で、どのような場所にも合う色が揃えられていますからますます多くの人々に親しまれる素材になっています。

　しかし現在ではその実用的な側面だけではなく、テラコッタ・タイル、施釉タイルを問わず伝統的な手作りのもの特有の深い味わいや、タイルの光沢が創りだす装飾的効果に注目が集まっています。最も小さなタイル、モザイク・タイルも再び脚光を浴びるようになり、現代的な設備や備品の仕上げに使われ、驚くような効果を出しています。

レンガ・タイル

種類

上　モザイク・タイルは目地が密になっているので滑りにくくなっています。

右　新しいレンガを張ると驚くほど現代的な雰囲気が生まれます。

　レンガもタイルも強度の異なる多くの種類があり、それによって張る場所も異なってきます。テラコッタ(素焼き)も含めてすべての陶磁器製品の強度は、粘土の密度、釉薬の種類、焼く時の温度によって決まります。レンガもタイルも屋外に使うものは種類が限られています。また施釉タイルの場合概して着色しているものの方が脆いようです。

　レンガもタイルもすべて土を高温で焼いて造る「陶磁器」であることに変わりはありませんが、一般的には精製した粘土から工業的に生産するタイルを特に「磁器質(セラミック)タイル」と呼んでいます。

　レンガやテラコッタ・タイルは熱伝導があまりよくありません。そのため温まるのに時間がかかりますが、他の素材に比べ保温性があります。テラコッタ・タイルは張る前にシーリング加工をしておきます。磁器質タイル、クォーリー(炸器)・タイルは表面が冷たく、硬く、水を浸透させにくい性質を持っています。

レンガ

　19世紀の中頃まではレンガはすべて手作りで、近くの地層から掘り出した粘土をそのまま使って作られました。そのため色も質感も土地ごとに大変バラエティーに富んでいました。また燃料に薪を使うか石炭を使うかでかなり違ったものができましたし、仕上げも現在のものほど均一ではありませんでした。しかし1個1個が少しずつ違っていることによって、レンガの建物には生き生きとした生命感が感じられました。レンガ生産が工業化され、製品が均一になっていくにつれ、こうした面白さは消えて行きましたが、やがてこの変化を嘆く人がたくさん出てきました。土着の素材を建築に使うことにこだわったイギリスの建築家ラチェンズ卿は、彼が建てる建物のために特別に手作りレンガを焼かせましたが、それは工業的に生産されたものに比べ、薄く、長くなっており、一枚一枚に個性がありました。現在でも手作りレンガは販売されていますが、大変高価なものです。

レンガには大変多くの種類があります。高耐圧レンガは未精製の粘土を使いますが、高圧で焼き固めます。腐朽しにくく、霜、化学薬品、衝撃に強い性質を持っています。舗装用硬質レンガは精製した粘土を高温で焼き上げます。そのため耐摩耗性に優れ、水を浸透させにくい性質を持っています。表面を滑りにくくしたものもあります。普通の赤レンガは厚さは6.5cmですが、舗装用硬質レンガはそれよりも薄く、1.9cmから5.1cmまでのものがあります。アンティーク・レンガは専門店や資材再利用の店などに置いています。状態によって違いますが新品よりも高価なものが多いようです。

レンガの色は土の成分によって決まってきますが、淡いサーモン・ピンクから紫がかった茶色までさまざまです。赤い色は鉄分によって生じたものです。ロンドン・ストック・レンガ（『ストック』というのは昔の手作りの方法のことを意味しています）は焼き上がりの色は黄色ですが、年数が経つにつれ緑がかった茶色に変わっていきます。

手作りレンガ（1、2）には深いあじわいがありますが、少し高価です。ストック・レンガ（3、4、5、6）は一般建築用です。風化したもの（7）や雨ざらしになったもの（13）にはおもしろい質感があります。ワイヤーカットは直線を活かしたい時に最適です（8、9、10、11、12、14、15）。

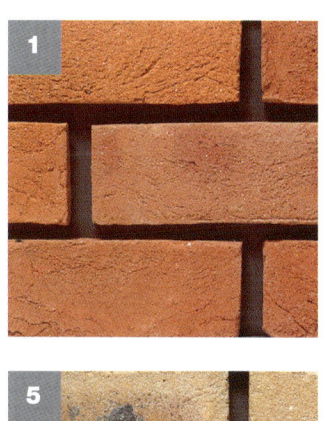

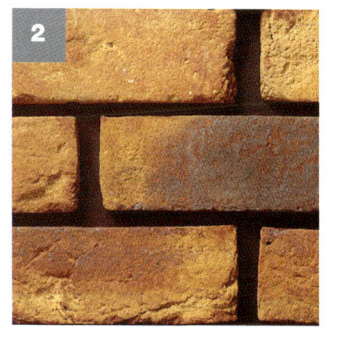

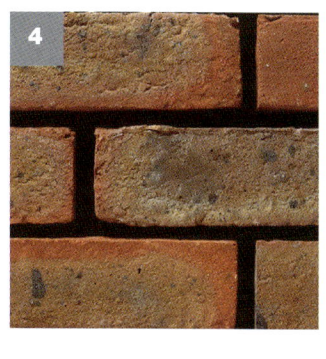

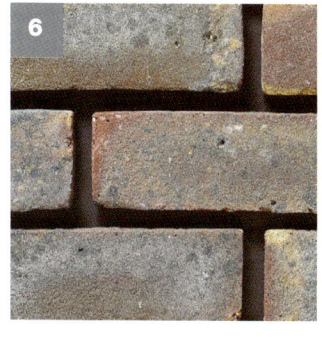

テラコッタ（素焼き）・タイル

主にフローリングの素材に使われますが、テラコッタ・タイルにはしっとりとした温か味があり、素朴で落ち着いた雰囲気を醸し出します。手作りのものも工業化されたものもあり、アンティークもあります。レンガ同様に保温効果があり、見た目よりも耐磨耗性があります。しかし他のタイルよりも手入れが必要です。水が浸透しやすいため、使用前にシーリング加工をしておく必要があります。

100年から200年前の領主の邸宅、城、民家などから剝いできたアンティークのテラコッタ・タイル（パメット）はどれも深い味わいを持っています。大抵は裏に製造者のマークが刻まれています。アンティークのパメットやタイルは数に限りがあり、高い値がついています。とりわけ「アンティーク・ブラン・ロゼ」と呼ばれているものは、フランスのある地域だけに残っているもので、19世紀以降生産されておらず大変貴重なものです。南フランスで作られた「パレフィーユ（Parrefeuille）・タイル」はそれよりも数は多く出ていますが、長方形という珍しい形をしています。

現在もフランスのプロバンス地方やメキシコなど世界各地でその土地の粘土を使った手作りのテラコッタ・タイルが作られていますが、それらはさほど高くありません。なかには一枚一枚手で形を整え、日光で乾かし、その後薪窯で焼くといった昔ながらの製法にこだわったものもあります。質感、色、厚さが微妙に違い見た目のおもしろさを生んでいます。作られる場所によって独特の色があります。ボルドー産は黄色、プロバンスは淡いピンク、ブルゴーニュは深い赤、トスカナは黄土色、そしてメキシコ産は温か味のあるオレンジ色をしています。数種の粘土を混ぜ合わせ表面に濃淡を出したものもあります。焼き上げる時に生じる窯変などのさまざまな偶然的効果もまた価値を高めます。焼き上がったばかりの時はなめし革のような艶を持っていますが、年月と共に古色を帯びてきます。

手作りのものは機械で造るものよりも表面が粗くなっています。概して機械で造るものは形や質感が標準化されていますが、最近ではコンピュータ制御で焼色などを変化させ人工的に古いテラコッタの感じを出したものも出ています。テラコッタ・タイルは形、寸法の違うものが各種あり、標準は25cm角の正方形ですが、長方形のものや8角形のものもあります。

テラコッタ・タイルに釉薬をかけて焼いたものは、磁器質タイルほど硬くはありませんが、大変見映えが良く、特に手で成形したものに手で釉薬を施したものには素晴らしいものがあります。色、質感、模様、サイズとも種類は豊富で、色の濃淡を出した素朴なものからデルフト・タイルを模倣したもの、現代的な抽象画風のもの、古い柄を再現したものなど種々あります。表面の質感も光沢のあるもの、サテンのような艶のもの、つや消し、メタリックなどがあります。形も正方形の普通のものから幅木やすそ木に使う、長方形、多角形のものまでさまざまです。釉薬の成分によってはシャワールームやキッチンの調理台には向かないものもありますから注意が必要です。

本物の手作り(1)と半手作り(2)のテラコッタ・タイルは世界各地で作られています。より実用的で安価で寸法も正確な模造テラコッタ・タイル(3、4、5、6)。機械生産のものでも人工的に古色を出しているものもあります。

クォーリー(咋器)・タイル

　クォーリー・タイルは伝統的なテラコッタ・タイルの風味に実用性を加味して作られたタイルで、19世紀半ばにイギリスで最初に生産されました。伝統的な手作りタイルを熱愛する人には色や形が均一になりすぎて面白みに欠けると思われるかもしれませんが、このタイルは疑いもなく実用性と美しさを兼ねそなえた価値の高いものです。

　珪石を豊富に含む粘土を未精製のまま型に圧縮して詰め焼き上げたものですが、粘土の違いによって赤、茶、淡黄褐色、青などの色があります。形は基本的には正方形で、表面の質感はやや不均質です。クォーリー・タイルは比較的安価ですが、割れにくく耐磨耗性に優れ、高温で焼いて完全に磁器化したものは屋外でも十分使用することができます。

　実用性に優れているという点ばかりが強調されるきらいがありますが、クォーリー・タイルは外見も大変美しいものです。しかし皮肉にも強度がありすぎて、テラコッタ・タイルのように年月と共に古色を帯びるということはあまりありません。

磁器質(セラミック)タイル

　寸法や用途などこれまで見てきたタイルとほぼ同じですが、磁器質タイルの特徴はその高度に機械化された生産方法にあります。そのため質感も色も全くといって良いほど均一です。精製した粘土を細粒化し高温高圧で焼き上げたものです。フローリングや壁など用途に応じてさまざまな種類のものがあり、また完全に磁器化したものは屋外用としても使うことができます。価格も安価なものからかなり高価なものまで幅広くあります。最高品質のものの多くはイタリアで生産されています。

　実用性の面では磁器質タイルは耐磨耗性に優れ、手入れが簡単で、水やシミの浸透の心配はほとんどありません。欠点といえば概して冷たく、硬く、重量があり、濡れた時など滑りやすいという点でしょう。

　磁器質タイルの特徴は寸法の正確さにあります。そのため格子など狭い場所にも張ることができます。現代的なインテリアにおいては、その正確性が大変重要視され、くっきりとした線を強調するために用いられます。時間が経過しても表面がくすんできたりすることはほとんどなく、新鮮で清潔なイメージはずっと保たれます。

　磁器質タイルのもう1つの長所は色、質感、形、模様など実に多くの種類のものがあるということです。単色のもの、絵が描かれているもの、光沢のあるもの、つや消しのもの、打ち出し模様のもの、レリーフのものなど多種多彩です。また腰羽目、幅木、その他の縁部や接合部などあらゆる用途に適したものが揃えられています。また最近ではデジタル技術を使って斬新なイメージをデザインしたものができ、新たな活用法を生み出しつつあります。視覚的な効果を狙った幾何学的なものから、野菜や果物など自然のものの写真をコンピュータ制御でタイルに転写した超リアルなものまであります。

　壁用の磁器質タイルは10.8cmまたは15cm角の正方形のものが一般

クォーリー・タイルは実用的で強固ですが色が限られています。赤(1)、茶(2)、黒などです。磁器質タイル(3-6)には色、質感、模様の違う多くの種類があります。

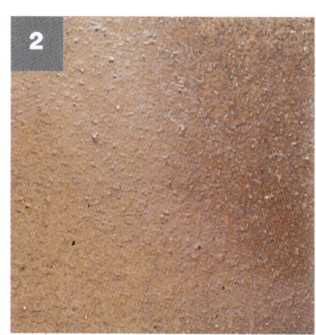

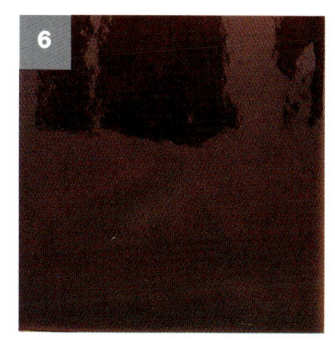

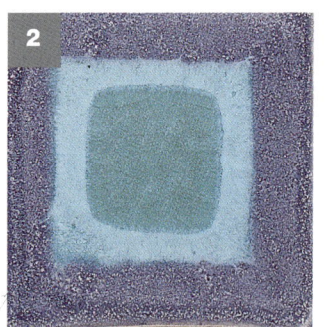

的です。目地の幅を正確に一定にするために側面に一定の角度をつけているものもあります。また側面にプラスチックのスペーサーをつけているものもあります。釉薬を掛けているものは角が丸くなっており、掛けていないものは真っ直ぐになっています。どちらも張る前に角をやすりで削る必要はありません。

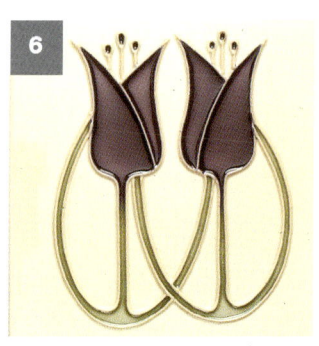

タイルは昔からインテリアに欠かせない素材でした。素朴な柄や単純な模様が手作りの味を出しています。メキシコの手作りタイル（3、4）。現代のタイルには釉薬を何層も重ねて光に微妙に反応するようにしたもの（1、2）もあります。表面に手触り感を加えたもの（11、12、13）も味があります。模様を浮き彫りにしたビクトリア様式（5、6）、伝統的模様や自然の風物をかたどったもの（14、15、16）。単色のタイル（7、8）にも微妙な色合いがあります。高級磁器質タイル（9、10）。

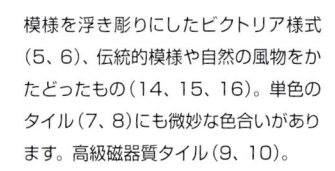

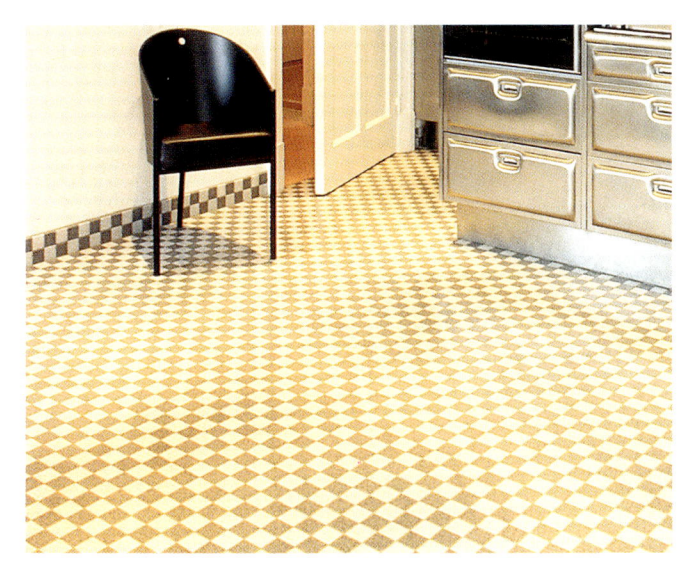

上　幅木にタイルを張り床と一体感を出しています。

上　デジタル方式による斬新なデザイン。

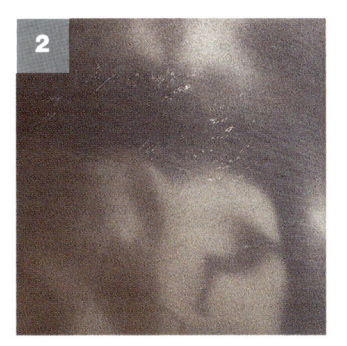

象嵌タイル

　象嵌タイルは素地の表面に模様を描くのではなく象嵌で柄や模様を出したものです。技法は中世まで遡ります。当時の製法は、テラコッタ・タイルの素地がまだ軟らかいうちに木製の浮き彫りの押し印をあて、窪んだところに白色の粘土を詰め、その後釉薬を掛けて焼き上げるというものです。デザインは紋章やキリスト教のシンボ

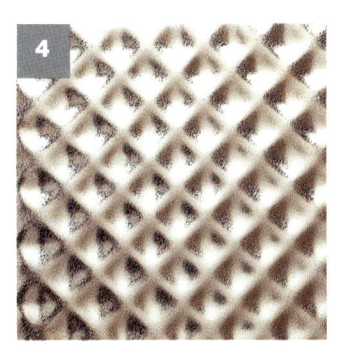

現代の磁器質タイルには質感もデザインも刺激的なものが多くあります。メタリック(1、2)、手触り感のあるメタリック(3、4)、ピュータ(錫合金)風仕上げ(5、6)、デジタル方式で写真を焼き付けた超リアルな絵柄(7、8、9)。

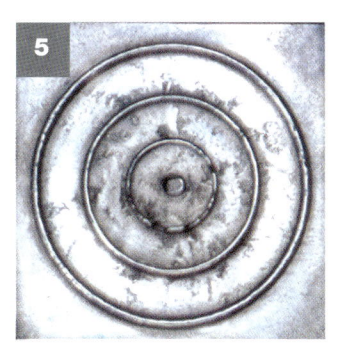

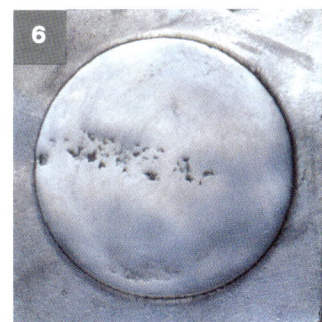

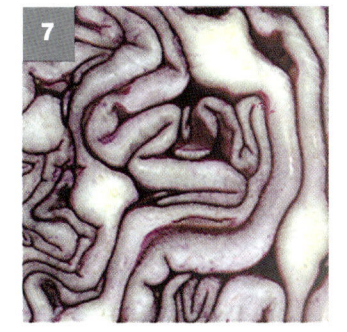

種類　129

ルから採ったものが多かったようです（象嵌タイルはキリスト教に関係の深い建物によく用いられました）。1枚で模様が完結しているものもあれば、4枚または16枚で1つの模様を構成するものもありました。

19世紀中葉のゴシック・リバイバル運動の中でこのタイルの装飾的効果が再認識され、すぐにイギリスのハーバート・ミントンによって大量生産されるようになり世界中に輸出されました。大変な人気を博し、19世紀に建てられた多くの建物の玄関や入り口通路にはこのタイルが張られました。その頃の象嵌タイルの床がそのままの状態で多く保存されています。

昔から使われている模様を受け継いで作られているものもあれば、自然の形を現代的に単純化して模様にしたものもあります。さまざまな色の粘土を埋め込み柔らかな感じに仕上げたつや消しのものもあります。また粘土を使わずに大理石やその他の石の粉に酸化金属で着色したものを使っているものもあります。この場合は焼かずに圧し固めて作ります。象嵌タイルは床全体に張っても、無地のタイルの床に一部アクセントとして張っても見映えがします。

上　ロンドン、ウェストミンスター・アベイの教会参次会会議場に残る中世の象嵌タイル。

モザイク・タイル

モザイク・タイルというのは特別の材料や製法を指したものではありません。小さなタイルを張って表面を仕上げたものを総称する用語です。テッセラと呼ばれることもある小さな正方形のタイルは、いろいろな素材からできています。磁器質タイル（施釉のものと無釉のものがあります）が一番多いのですが、大理石、石、テラコッタ、ガラスなどでできたものもあります。「スマルチ」という、ほうろう引きのガラスのモザイク・タイルもありますが、それは最も美しくまた最も高価です。深みのある光沢とややゆがんだ表面がなんとも言えない雰囲気を創りだします。

大理石や石の自然の色だけで作ったモザイク・タイルもありますが、それは青みがかった瑠璃色、輝くマラカイトグリーン、蛇紋石のグリーン、これらの微妙な色合いが神秘的にきらめき、驚くほどに魅惑的です。

モザイクの技法は長い歴史を持ち、起源はおよそ5,000年前に遡ります。シュメール人は粘土の小片に着色したものを使い、エジプト人はそれに宝石を埋め込んだものも混ぜて使っていました。その後ローマ人が初めて石を幾何学的な形に成型し、それを歩道の床や壁に張りました。自然を美しく描いたものが多く残っています。しかしモザイク装飾を最も頂点に押し上げたのはビザンティン文化でした。6世紀に建築されたイスタンブールの「ハギア・ソフィア」にはガラスのモザイクが多く使われていますが、それは光を浴び豊かな色彩が微妙に輝き、壁面を透明感のある神秘的な空間に変えています。

モザイク・タイルが変わることなく人々を魅了するのは、実は私たちの目が1個1個のタイルから全体へ、またその逆へと、絶えず運動しているからです。近くを見るとモザイクは抽象的な色と形の集まりにしか見えませんが、遠くから全体を眺めると小さな要素が集まって優美で繊細な模様が出来上がっています。

今日でもアンティークなモザイクが持つ精巧な美しさを出すことができるモザイク職人がいます。依頼すればその場所に最も適したデザインで造ってくれます。芸術性や技術を度外視して考えてもそ

象嵌タイル（1、2）は表面に模様を描いたものではなく埋め込んだものですから、磨耗して模様が消えるということがありません。中世の技法が19世紀に再興され人気を集めました。

れは大変な手間と労力が要ることですから、特別に注文するとかなり高価になることは仕方ありません。素人でもモザイク職人に基礎を教えてもらったり、教室に通ったりしてあまり複雑でない幾何学的模様に挑戦してみる価値はあります。初級者用に碁盤目になったネットや紙の上にタイルを並べシートの形で販売しているものもあります。これだとわりと簡単に手早く張ることができます。だいたい単色または同じ色でトーンを少しづつ替えたものが多いようです。化粧室やキッチンに張ると現代的な感覚を楽しむことができます。

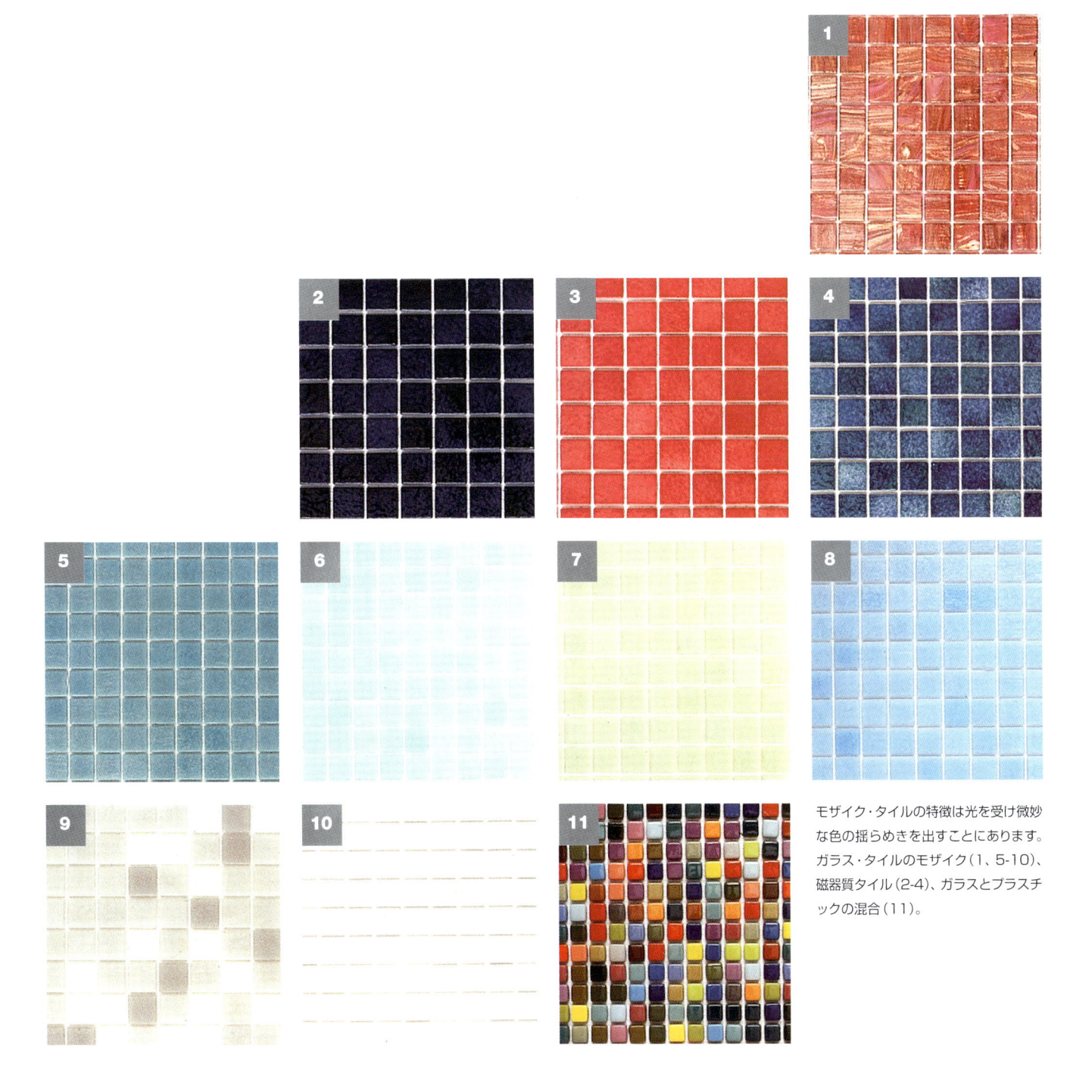

モザイク・タイルの特徴は光を受け微妙な色の揺らめきを出すことにあります。ガラス・タイルのモザイク（1、5-10）、磁器質タイル（2-4）、ガラスとプラスチックの混合（11）。

左　古典的な白と黒のチェッカー模様のタイルのフローリングです。タイルの大きさと部屋の広さが調和していることが一番大切です。

右　外側の鉄骨の枠の中に張られた新しいレンガが内部の古いレンガの味わいをさらに高めています。荷重は実際には鉄骨で支えられています。

レンガやタイルをインテリアに活かすためには、それぞれの素材の性質と持ち味に合った場所に張ることが大切です。レンガは主に構造材として使われますが、1階部分ではフローリングや壁の仕上げにそのまま塗装せずに使うとインテリアに豊かな質感を出すことができます。タイルは老朽化せず、特に施釉タイルや磁器質タイルの場合は水を通さずシミがつかないという利点を持っていますから、それをインテリアに活かします。また温度が上がりやすい部屋に広くタイルを張っておくと、室温を低く保つことができます。

レンガやタイルにはそれが創りだす模様を楽しむという喜びがあります。レンガやタイルの落ち着いた繰り返しのリズム、あるいは小さな要素が集合して創りだすモザイクの繊細な美しさなど。またいろいろな色、質感、大きさなどを多様に組み合わせることもできます。タイルはまたその産地の風土や文化の香りを持っていますから、プロバンス風、スペイン風、メキシコ風、ポルトガル風と各地の香りをインテリアにくわえることができます。

タイルを張るときには比例関係を考えるようにします。一般的に小さなタイルは狭い範囲に張ったほうが見映えが良くなります。大きなタイルは広い面積に張るのがよいでしょう。同じことはタイルでつくる模様についても言えます。小さな込み入った模様は大きな空間には似合いません。大きな空間には開放的な大きな柄の繰り返し模様が似合います。

魅力を活かす方法

レンガ・タイル

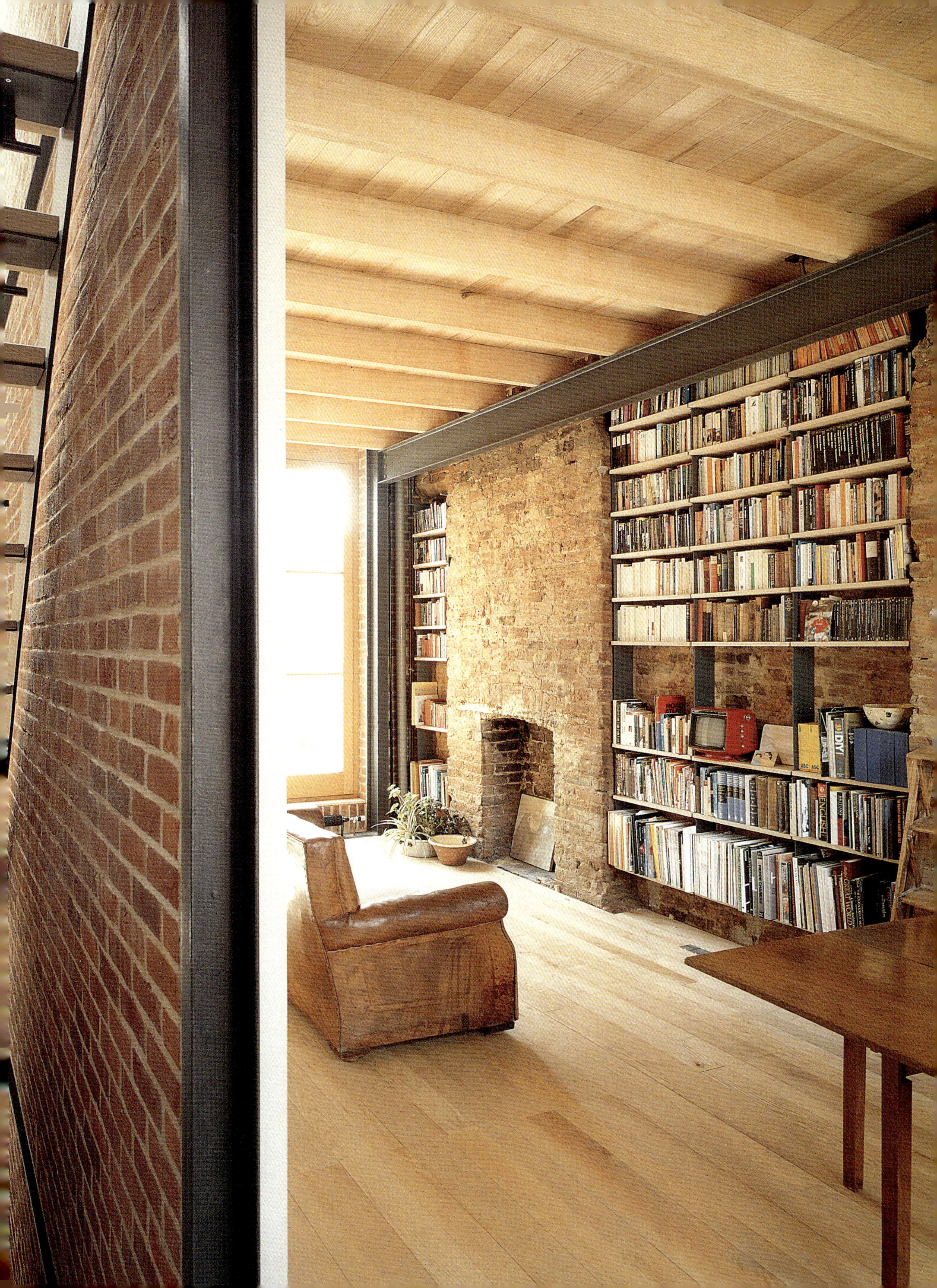

魅力を活かす方法

レンガ・タイル

レンガ・タイルのフローリング

　フローリング用のタイルはかなり重量がありますから、2階以上の床や木製の下地床には張れない場合があります。床は必ず乾燥し、堅固で、水平になっている必要があります。床が波打っていたり湿気があったりするとタイルが剥がれやすくなります。また屋外に使うタイルは限られています。孔があいていたり完全に磁器化していないものは水分を吸収し、冬季には氷結によりひびが入るおそれがあります。

　レンガには自然な居心地の良さ、懐かしい古里のあじわいがありますから、キッチン、玄関、入り口通路などに張ると気どらない温か味のある床ができます。また庭に近い貯蔵庫や作業室などにも適しています。居間やダ

イニングルームなどにも似合いますが、その場合は特に豊かな土色のものを使うと絨毯や敷物ととてもよく調和します。

レンガを張るにはかなり高度な技術が要りますから腕の良い職人さんに依頼しましょう。伝統的な張り方には、奥行きが強調される矢はず模様、壁張りと同じ籠織り模様、長手模様などがあります。

レンガは必ずしっかりしたコンクリートの下地床の上に張るようにします。コンクリートの下地床とレンガを並べるモルタル下地の間には必ず防湿層を作ります。レンガを並べた後すぐに目地にモルタルを入れるようにします。目地の幅は床の縮みを調節できる幅に十分広くとっておきます。また下地床の周囲と内部に一定間隔をおいて伸縮目地を入れておき、伸縮性のあるシーリング材で蓋をしておきます。こうすると気温と湿度による床の伸縮を緩和しレンガ面に対する影響を少なくすることができます。

タイルは玄関、廊下等よく人が行き交うところやキッチン、バスルームなど水を多く使うところに適しています。温か味のある土色のテラコッタ・タイルやクォーリー・タイルはひなびた感じのインテリアによく似合います。反対に磁器質タイルは現代的なすっきりしたインテリアに似合います。タイルの伝統的な模様には、白と黒のチェッカー模様、淡い色の8角形のタイルと濃い色の正方形のタイルを組み合わせた古典的な優美な模様、あるいは単色の無釉タイルを基調にランダムに施釉タイルや象嵌タイルを組み合わせる方法などがあります。床がかなり広い場合には床の中央や敷居により複雑な幾何学模様や絵画的な模様を組み合わせ、中心を示したりアクセントをつけたりすると全体が締まります。また床の縁や中間に帯状に飾り図案を入れると縁がすっきりしタイルの面が強調されます。床の形が変則的な場合は、飾り図案は縁に沿って入れるよりも縁から縁へ横断するように入れるほうが見映えが良いでしょう。

タイルを張るにはかなり習熟した技術が要りますから、やはり職人さんに任せたほうが良いでしょう。手作りのタイルは厚さがまち

左端　タイルは優雅に歳をとります。タンブリング・ブロック模様のこの床は1,900年代初期のものです。

左　このバスルームのモザイク・タイルはカンジンスキーの絵のようです。

左下　床を縁どる飾り図案入りのモザイク・タイルはコンクリートの上に直接張られています。

上　磁器質タイルの真っ直ぐな線がクリーンで現代的なイメージを創りだしています。

下　コルシカ島の古い住宅に残る当時のままのテラコッタ・タイルのバスルーム。

魅力を活かす方法

まちですから特に細心の注意が要ります。施釉タイルを中間に飾りとして入れる場合には表面のガラス質の磨耗を防ぐため少し全体より低くして張ります。複雑な模様をつくる場合はモルタルや接着剤なしで一度現場に並べてみましょう。そうすることによってタイルのカッティングを最小限に抑えることができますし、バリのでているタイルを特別に目地の大きな場所に使うようにすることもできます。

タイルを張る方法にはモルタル下地に並べる方法と、接着剤で固定しその後目地を入れていく方法の2通りの方法があります。接着剤には伸縮性のあるタイル専用のものを使うようにします。また伸縮目地を入れて置くようにします。無釉のテラコッタ・タイルを張るときには目地材を少量薄めて表面に少し塗っておくと本物らしいひなびた感じがでます。

モザイク・タイルのフローリングには最高の技術が必要です。非常に多くの労力を必要とし、そのため費用もかかりますから、普通はバスルームや玄関通路などわりと狭い面に張ります。モザイク・タイルは1個1個が小さいため、仕上げの見映えは目地に大きく左右されます。実際的にも目地は滑らないようにするための大切な役割を担っています。また目地の色は全体のデザインに大きく影響します。淡い色のタイルに淡い色の目地、濃い色のタイルに濃い色の目地にすると、継ぎ目が目だたない感じになり、逆に対照的な色にすると、小片が多く集まっているという感じが強調されより絵画的になります。セメントをベースにした接着剤は室内でも屋外でも使うことができます。

モザイク・タイルを最も簡便に張る方法は数枚のタイルがシートになっているものを使うことです。裏側で仮止めされていますからそれをそのまま1枚のタイルのように張っていきます。模様や絵になったシートもありますが、これはタイルの表側を水溶性の接着剤で1枚の紙にとめていますから、裏に接着剤をつけるかそのままモルタル下地におくかして張ります。張った後表面の紙を水で濡らして剥がし、最後に目地で仕上げをします。最も手間の要る方法は1枚1枚張っていく方法ですが、この場合作業中は長い時間その場所を使うことができないという不便が生じます。

レンガ・タイルを壁に張る

他の素材の時もそうですが、レンガやタイルを壁に張る場合1面全体に張ると最も見映えが良くなります。タイルがなんとなくわびしく感じるという時は、たいてい流し台やバスルームのはねよけ板などの狭い場所に一部分だけ張っているような場合です。広い壁の途中で中途半端に終わっていたり、プラスタ

左　露出したレンガ壁の美しいロフトを改造した部屋です。

タイルは既存の壁の仕上げがどのような素材を用いても、たいていの場合張ることができます。ペイント、壁紙、プラスター、プラスターボード、レンガはもちろん、タイルの上にも重ねて張ることもできます。しかしどのような面であれ完全に乾燥していることと平面であることが条件です。下地の歪みはタイルを張ることによって強調されてしまいま

左端　モザイク・タイルならではの光と色の揺らめきです。

左　磁器質タイルのはねよけがニレ材の洗面キャビネット、磁器の流し台の優しい背景になっています。

下　磁器質のモザイク・タイルの中の炉床、不思議なレイアウトです。

一壁の一部に帯状に張ってあったりすると、タイルは逆に寂しく物悲しい雰囲気を出してしまいます。

　一方タイルで部屋全体を覆う場合はもちろん特別の用途を持った部屋です。バスルームやシャワールームをタイルで覆うとウェットルームが出来上がり、水捌けを心配する必要もなく、特別の備品も要らずすっきりと清潔な感じになります。タイルはほとんどの壁に張ることができます。またモザイク・タイルを使えば湾曲した壁や歪んだ壁でも滑らかに仕上げることができます。タイルを壁の一部にとどめるときは、窓枠の下の線など、既存の線に揃えて張るようにすると収まりが良くなります。また最上段を繰り形のタイルにしたり飾り図案にすると腰羽目のような効果が出て中途半端な感じがなくなります。

　慣れた人なら素人でもタイルを壁に張ることができるかもしれませんが、少しでも自信がない場合は専門の職人さんに任せたほうが無難です。タイルは真っ直ぐな直線と角が決め手ですから、少しでも正確さに欠けると台無しになります。壁が歪んでいたりすると処理に非常に苦労します。また窓やパイプが出たところなど縁が丸くなっている部分はタイルをカットしなければなりません。

左から右へ　タイルを張るときは壁の最上部まで張るほうが見映えがします；青のモザイク・タイルとガラスの光が美しいシャワールームです；青、緑、クリーム色の長方形タイルが遊び心いっぱいに張られています。

下　狭い部屋には小さなモザイク・タイルがよく似合います。シートタイプのものは簡単に張ることができます。

次ページ下　色合いが微妙に違うピンクにシルバーをちりばめた刺激的なモザイク・タイルです。

す。接着剤や目地には多くの種類があります。水がかかる場所には防水性の接着剤を使います。ストーブやガスレンジの背後など高温に曝される場所には耐熱性の接着剤を使います。目地と接着剤の兼用のものもあり、一度に張り付けと目地入れをすることができ便利ですが、やはりタイルが固定した後、できれば12時間ほど後に目地を入れたほうが良いでしょう。

　露出したレンガの壁は触感に溢れ、暖かみがあり、ひなびた感じの部屋でも都会的な部屋でも雰囲気を一段と高めます。レンガの濃い熟れた色が少し暗すぎると感じるときに

魅力を活かす方法

レンガ・タイル

左端　イタリア産石灰岩のモザイク・タイルです。優美で柔らかな光を反射させています。

左　縁に角度をつけた白いタイルがレトロ調です。

タイルで装飾

　平らな面であればどのような面でもタイルで飾ることができます。テーブルの天板、窓枠、鏡や名画の額縁、あるいはちょっとした水平な面などはタイルで飾るにはもってこいの場所ですし、タイル張りの練習をするのに最適です。磁器質タイルやガラス・タイルの割れたものをモルタル下地の上に組み合わせて張ると、洒落た屋外用のモザイクが出来上

は、上からペイントを塗ってもかまいませんが、表面のリズミカルな模様を消さないように薄く塗ります。レンガで壁を覆うときに、一部に薄いレンガで細い帯をつくるように組み合わせるとあたかもレンガ造りの家のような味が出ます。レンガ造りの家の組積み法をそのまま再現し、接着剤で壁に固定してモルタルで目地を入れていくとかなり本物に似せて仕上げることができます。

タイルのカウンター

　色の濃いタイルはキッチンのカウンターによく似合い、雰囲気を明るくします。その場合壁に張るものよりも厚いもので、割れにくく熱に強い完全に磁器化したものを使います。しかしたとえ頑丈なタイルでも強く物を置いたり急激に熱したりすると欠けたり割れることがあります。厚いタイルはカットが容易ではありません。接着剤はかなり強いものが必要です。目地にはエポキシ樹脂をベースにしたものを使うようにします。キッチンにタイルを張るときは備え付けの流し台、棚、パイプなど障害物が多くありますから、念入りに計画する必要があります。また他の場所以上にカットしたり、削ったりする必要が出てきます。カットしたタイルが奥の方になるように計画的に張っていくことが大切です。

魅力を活かす方法

レンガ・タイル

魅力を活かす方法

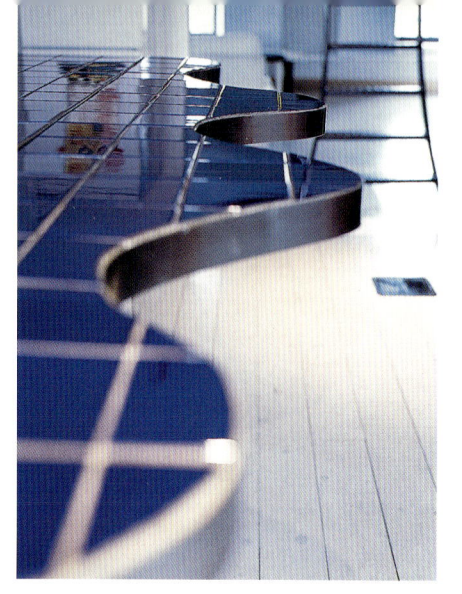

がります。庭のテラスや壁の一部に張ってみてはいかがでしょう。19世紀や20世紀初頭には洗面化粧台や鋳物のオーブンにタイルを張ることが流行しました。再利用の店などに古いものが置いてあるはずです。

レンガはタイルに較べると張る場所が限られています。レンガという素材が持つイメージから、レンガを張った場所には構造的に何かを支えているような重量感が生まれます。暖炉や備え付けのストーブがコンクリート下地の上に置かれている場合には、周囲にレンガを張ると見た目にも実質的にも暖かくなります。

レンガ・タイルの手入れと維持管理

レンガやタイルは適切な場所に使われている場合は、基本的にあまり問題は生じません。タイル、特に施釉タイルは張るときが一番壊れやすいと言えます。急激な温度の変化によって表面の釉薬に細かなひびが入る場合があります。ガラスタイルやメタリック調のタイルは目地入れのときに表面にきずがつく怖れがありますので注意します。

レンガ、クォーリー・タイル レンガやクォーリー・タイルは張った当初、表面に「風解」と呼ばれる白い鉱物の結晶が出る場合があります。その場合は水拭きで落とします。露出したレンガの壁は時々表面の埃を払う程度の手入れでかまいません。レンガやクォーリー・タイルの床は表面の塵や埃を掃き、洗剤を少量入れたぬるま湯で拭きます。洗剤成分が残っていると滑るおそれがあり、また埃を吸着しますから、最後に必ず真水で上拭きをします。

普通のレンガには小さな孔が多くあいておりシミがつきやすいのですが、シーリング材を塗ることはあまりお奨めできません。孔のあいていないクォーリー・タイルや敷石レンガは亜麻仁油を軽く塗り、乾いた布で磨くとシミがつきにくくなります。多く塗りすぎると滑りやすくなり危険です。

無釉テラコッタ・タイル このタイルには小さな孔がたくさんあいていますから、床に張る前にシーリング加工を施しておく必要があります。多くの業者がシーリング加工済みのものを販売していますが、そうでないものを購入した時には、指示に従って適当なシーリング材や亜麻仁油、ワックスなどで表面を保護します。シーリング加工は一定の期間ごとにする必要があります。シーリング加工をするとタイルの色に深みが出、古色の鈍い艶はだいたい1年間保たれます。無釉テラコッタ・タイルは埃などで磨耗しやすいものですから、こまめに掃き掃除する必要があります。ぬるま湯に少量洗剤を入れ定期的に拭きます。

施釉テラコッタ・タイル 釉薬を塗ったものでもテラコッタ・タイルには多少孔があいているものがあります。そのためキッチンやバスルームに不向きなものもあります。白の釉

上端　磁器質タイルは曲線に合わせてカットすることができます。

中段　白のタイルに磁器用ペイントで模様をつけ、パッチワークのような効果を出しています。

左　明快な図柄のタイルを嵌め込んだ木のテーブル。

上　はねよけ板にタイルを張ると大変清潔な感じがします。目地の汚れには注意します。

象嵌タイル　つや消しの象嵌タイルはシミがつきやすいものです。特に張るときには注意が必要です。シーリング加工をしておくこともできます。白い部分は時間が経つにつれ自然と鮮やかさが薄れていきます。

モザイク・タイル　床に張ったモザイク・タイルをつや出し液で拭くと大変滑りやすくなり危険です。中性洗剤で優しく表面を拭く程度で良いでしょう。

薬の方が他の色の釉薬よりも水を通しにくいようです。酸性の食べ物や飲料は厳禁です。また強い洗剤や磨き粉入りのものは手作りの施釉タイルには絶対使わないようにしましょう。

磁器質タイル　磁器質タイルは磨耗、シミ、化学成分などに対して非常に強い性質を持っていますから、手入れは毎日モップを掛けるくらいで他に特別なことをする必要はありません。またシーリング加工もする必要はありません。艶出し液で表面を磨く時はできるだけ素早くおこない、固まらないうちにすぐにきれいに拭き取ります。残っていると滑ったり埃が溜まる原因になります。

壁タイル　壁のタイルはシミがつきにくいものですが、時間が経つと目地に埃が溜まり傷んでくることがあります。湿気の多い場所では目地にカビが生えることがあります。カビが生えた時は専用の防カビ材で拭き取ります。目地が汚れたりシミができたりしたときは、歯ブラシのような細く硬いブラシに洗剤を少量つけてこすります。表面が乾燥した後目地用塗料を塗ります。湿り気の多い場所に防水性ではない目地を使っていると、目地が部分的に剥がれる場合があります。その場合は残っている目地も全部落とし、もう一度防水性の目地を入れ直すのが最善の方法です。

　磁器質タイルが古くなると表面に細かなひびがあらわれてくる場合がありますが、これも湿気が原因です。ひびの入ったタイルや欠けたタイルは補修ができませんから、取り替える必要があります。このような場合に備えてタイルは必ずスペアを取っておくようにします。

下　薄い赤レンガの柱が暖炉の暖かさを強調しています。

魅力を活かす方法　141

左　コンクリートもプラスターも以前は他の素材のための下地の地位に甘んじていましたが、最近ではそのままの形で露出されるようになりました。防水用のシーリング加工だけを施したプラスターの滑らかな表面には深いあじわいがあります。

右　大胆で荒々しく少し冷厳。照明の変化によってコンクリートはさまざまな彫刻的美しさを表現することができます。

コンクリート・プラスター

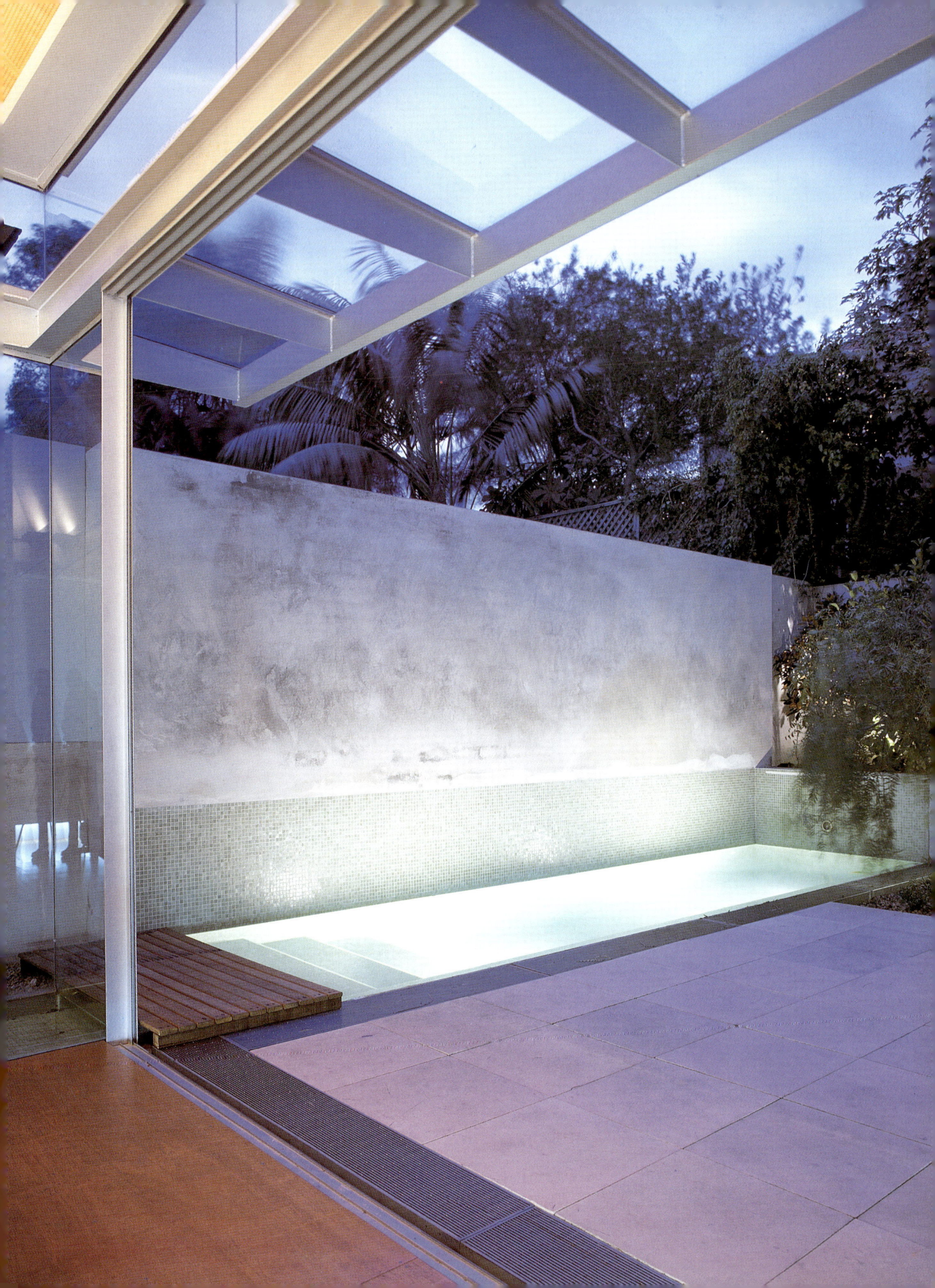

右　コンクリート打ち込み跡の穴が壁面の厳しさを和らげる効果的な模様になっています。

左　研ぎ出し仕上げのコンクリートの円柱の側面には円柱内部を覗くための窓が開いています。

　コンクリートもプラスター（漆喰）も同じ自然原料からつくる混合素材で、世界中で広く使われています。両方の素材には多くの共通点があります。まず安価なこと。次に、両方とも水練りした状態で成型し、養生して固まらせること。そして両方とも数世紀の間さまざまな改良が加えられてきたということです。しかし大きな違いもあります。プラスターは控え目な昔ながらの仕上がりで人々に喜んで受け入れられてきましたが、コンクリートは長い間不当な非難を受けてきました。

　両者の違いは室内で使用される時に顕著になります。プラスターは仕上げられるとほとんど自己主張せず、落ち着いたインテリアのための滑らかな背景として重宝されてきました。それに対してコンクリートは実用性ばかり強調され、また、どちらかと言えば厳しい外見のため、なかなかインテリアの背景としては受け入れられませんでした。打放しコンクリートの床や壁その他の表面はインテリア・デザインにとっては挑戦的で非妥協的な態度を取っているように思われてきました。

　ローマ時代に起源をもつ古い素材であるにもかかわらず、コンクリートは現代建築の申し子のように考えられ、現代都市の殺伐とした景観の元凶のように言われてきました。「コンクリート・ジャングル」という言葉がそれを良く物語っています。しかしこれは仕方のないことであったということができます。その理由はまず第一に、近代から今日までコンクリートは仕上げ用素材としてではなく、構造的素材として改良が加えられてきたという点です。次に、一方ではニューヨークのグッゲンハイム美術館やシドニー・オペラハウスのように目をみはる美しい建物がコンクリートを使って造られましたが、もう一方では安価ということもあって、地下駐車場や雑居ビルなど、実用性本位の粗雑で神経を苛立たせる建造物の素材として広く用いられてきたという点です。この両者ほど極端ではありませんが、その間に例えばロンドン、サウス・バンクのアート・センターのように賛否両論を巻き起こしている建物が数多くあります。

　しかし最近ではコンクリートに対する一般的評価は徐々に良い方向に向かいつつあります。流行の最先端を行く大都市の店舗デザインにおいて、コンクリートの打放しの壁や床が石と同じくらいに優美で落ち着いた雰囲気を出すことが次々と証明されています。これはプラスターの仕上げ方が昔とだいぶ変わってきたこととも深い関係があります。昔と違って最近ではプラスターはほとんど塗装せず、シーリング加工だけにとどめてプラスター本来の温か味と輝きを出す方向に変わってきました。インテリア・デザイン全体が素材に内在する美しさを最大限引き出し、それをできるだけ飾らずに活かすというスタイルが定着してきました。こうした流れのなかでコンクリートの打放しは最も飾らない仕上げとして注目されるようになってきました。

　コンクリートを建築物の躯体に最初に使ったのは、やはり多くの建築技術の基礎を築いたローマ人でしたが、ローマ帝国の滅亡と共にそれは歴史から消え去ってしまいました。産業革命の後コンクリートは文字通り再発見され、その建築的可能性が花開くことになりました。

　19世紀を通してコンクリートの技術開発と改良はめざましい勢いで進みました。コンクリートを鉄筋や

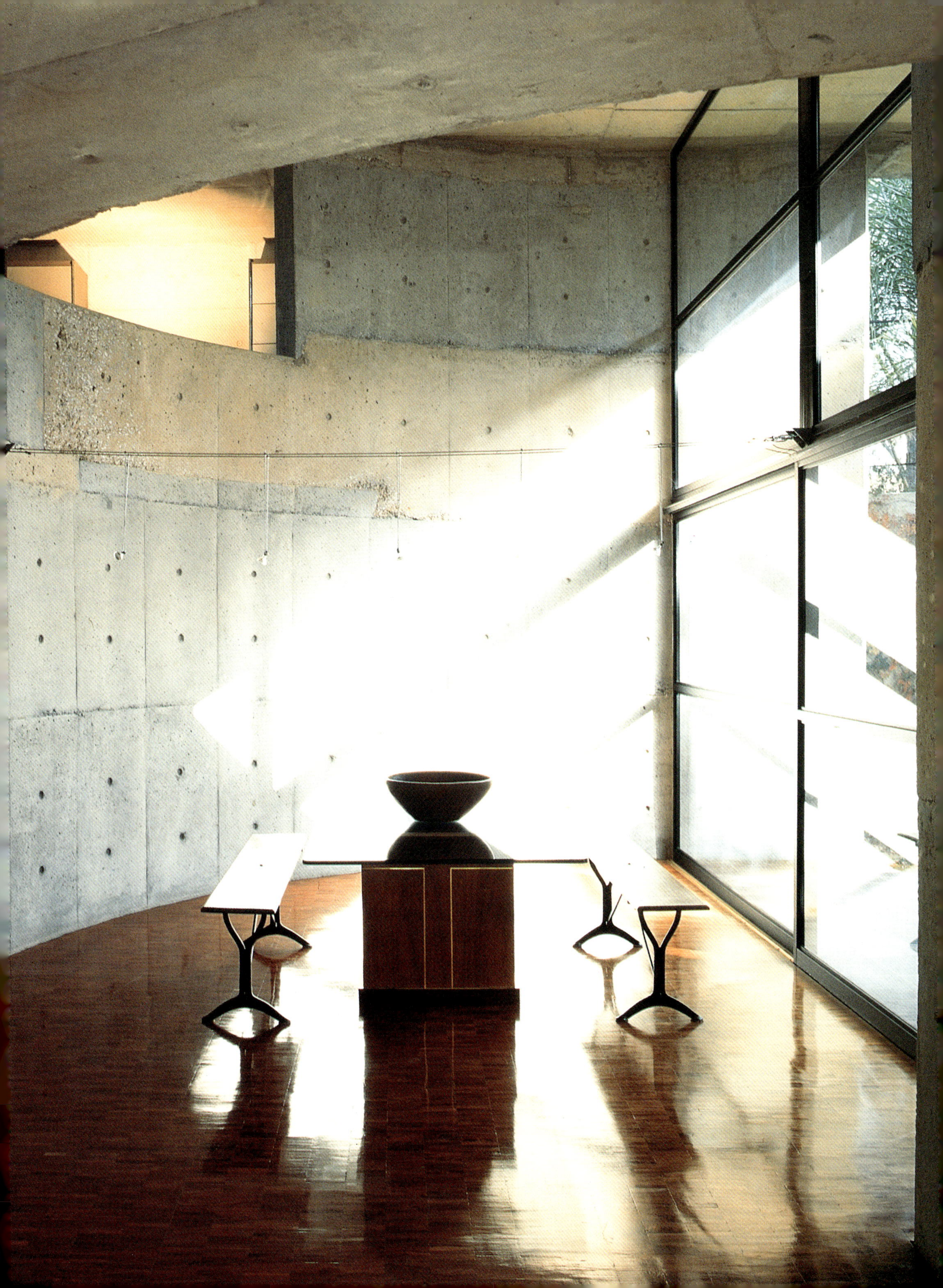

146　コンクリート・プラスター

左　研磨したテラゾの優雅で堅牢な床です。暑い気候の地方では足元がひんやりとして気持ち良く好んで使われています。

鉄線で強化するという方法の基礎を築いたのも、それを実際の建築に初めて応用したのもフランス人の技術者や建築家でした。例えばラブルーストはすでに1845年に、パリのサントジュヌヴィエーヴ図書館の建築に鉄線で強化したプラスターを用いました。また「アイアン・コンクリート」または「フェロー・コンクリート」という名の、今の鉄筋コンクリートの元となる技法は、1890年代にフランス人フランソワ・アンヌビクによって特許が取得されました。彼は1904年に建てた片持ち構造の彼自身の住宅において、鉄筋コンクリートの強度を世界に大々的に示しました。コンクリート自体の建築的可能性を純粋な形で示した最初の建築家はオーギュスト・ペレでした。彼のル・ランシーの教会（1922-3）にはプレキャスト・コンクリートの格子状の飾り窓がとりつけられ、それはステンド・グラスの窓と共鳴してその光に現代的な輝きを添えました。

　シンプルで飾り気のないコンクリートはすぐさまモダニズムの人々の心を魅了しました。そのなかでも最もよくコンクリートを理解し活用した人は疑いもなくル・コルビュジエでした。彼は生涯を通じてコンクリートの魅力をさまざまな方法で開示し、多くの建築家に多大な影響を及ぼしました。パリ近郊の初期の住宅は鉄筋コンクリートの柱の上に滑らかで無垢な白いコンクリート・スラブを数層積み重ねたものでしたが、それは建築の新しい美を示しました。また晩年の作品、ロンシャン礼拝堂やラ・トゥーレット修道院では、コンクリートが今までにない有機的なフォルムを創りだすことができるということを示しました。ロンシャン礼拝堂ではコンクリートはあたかも彫刻作品のような柔らかい曲線を創りだしています。またラ・トゥーレット修道院では傾斜地という地理的条件を最大限に生かしながらコンクリートの壁面が存在感を誇示しています。また理想都市の集合住宅のための青写真であり、プロジェクトの一環として建設されたマルセイユのユニテ・ダビテシオンでは、コンクリートはそうしたプロジェクトの主体的素材であることが示されました。

　ル・コルビュジエはコンクリートを20世紀を代表する素材に押し上げましたが、その一方では不本意ながらコンクリートに対する現在の非難の原因をもつくりだすことになってしまいました。1960年代から70年代にかけて、世界中の多くの都市でいわゆるインターナショナル・スタイルの熱狂的な支持者達が、ル・コルビュジエの都市計画を実践に移していきました。テラス式住宅や低層住宅はコンクリート造の高層住宅のために場所を譲ったり、柱の上に持ち上げられたり、郊外に移されたりしました。

　不幸なことにこうした都市計画はあまり費用をかけず短期間のうちに遂行されましたが、その結果貧弱ですぐに失敗作とわかるようなものが多く建設されました。またクリーニング施設、管理人、スポーツセンターなどを共有し、1つのビルを地域的共同体にするという計画の社会的な側面は、ほとんどの場合予算上の都合により削られてしまいました。その結果あまり時を経ずしてこれらのコンクリート造の高層住宅や施設は、メンテナンスが十分おこなわれず、汚損と犯罪が放置され、スラム街に姿を変えていくという悲惨な運命をたどりました。これらのコンクリートの建物の多くが地中海性気候ではない場所に建てられたということもコンクリートに対する評価を悪くする一因になりました。雨の多い地方ではコンクリートの建物はシミが目立ちやすく、また寒冷の地方ではどこか寂しい印象を与えがちです。これらの都市計画の美的、実践的失敗の直接的原因を、コンクリートという素材の内在的欠陥に求めることは明らかに問題の本質から外れていますが、コンクリートは現代の都市環境の悪化の元凶であるという汚名を着せられることになってしまいました。

　コンクリートを用いて多くの革新的で感動的な建造物が造られましたが、なかなかその誤解された印象は払拭されないようです。フランク・ロイド・ライトはアメリカにおいて、規格化された空洞コンクリート・ブロックを用いて感動的な有機的な建物を創造しました。1939年に完成した落水荘では片持ち状に滝の上に突き出たコンクリートのテラスが住宅と景観を劇的に一体化させています。

左　コンクリートの剥き出しの柱が素材の美しさを力強く表現しています。壁や床のすべすべとした表面と効果的な対照を見せています。

　20世紀の後半に入ると技術改良の結果、コンクリートは薄い外殻として用いることができるようになり、波のような形から流線形まで、どのようなフォルムでも自由自在に実現できるようになりました。1962年に完成したエーロ・サーリネン設計のニューヨーク、ジョン・F・ケネディー空港・TWAターミナルはその最も美しい例です。そこでは鳥の翼のようなコンクリートの屋根が空の旅への夢を暖かく包み込んでいます。またシドニー港入り口のヨーン・ウッソン設計のシドニー・オペラハウスも同じようにドラマティックな容姿を誇っています。コンクリートの貝殻をいくつも重ねたような屋根は設計と技術の最高の組み合わせの産物です。コンクリートは白い無数のタイルに覆われているため、建物はいつまでも輝きを失うことがありません。現代のコンクリートのマイスターといえばやはり日本の建築家、安藤忠雄の名を挙げなければならないでしょう。イタリア、トレビーゾ郊外のファブリカに見られるように、彼はコンクリートという素材のなかに抑制された美と彫刻的可能性を見いだしています。

　コンクリートとは違い、プラスター（漆喰）には悪い印象をあたえるものはありません。逆に最近では印象が薄過ぎることが問題なのかもしれません。プラスターは見た目も美しく使いやすいことから、建物の内部、外部を問わず仕上げとして用いられてきました。この素材は当初から建物の外部の仕上げに使われ、以前はだいたい砂と石灰の混合物でしたが、その後セメントと砂の混合物が多くなっていきました。セメントを主体にした「スタッコ」と呼ばれるプラスターが18世紀に流行しましたが、それは高価な石材の代用品として用いられました。またプラスターを使って建物の外部に大変美しい絵模様を描く「パージティング（こて絵）」という技法も生まれ、各地には独特の絵柄が伝えられていました。建物外部に使う場合には藁、馬の毛、砕いたテラコッタなどが一緒に混ぜられました。建物の外壁にプラスターを塗るようになったのは、建物の老朽化を防ぐという目的と同時に、塗装のために外壁を滑らかにするという目的もありました。プラスターの外壁は塗装するのが普通でしたが、通常は石灰塗料が塗られました。

　室内ではプラスターは壁や天井の仕上げにかなり古くから使われ、装飾的な処理のための下地として、またモールディング（繰

右　このしなやかなブルーのバスタブは木の型枠にモルタルを流し込んで造ったものです。モルタルは塗装した後ワックスをかけ研磨すると光沢のある仕上がりになります。

り形)、フリーズ(装飾帯)、コーニス(蛇腹)といった古典的なディテールを造るための素材として使われました。イタリアに始まったルネッサンスが古典主義を伴って北方に伝播していく中で、それらのディテールはギリシャ・ローマ時代の宮殿の正面のディテールと同じ分割比で壁面を飾りました。壁の最下部の幅木は宮殿の柱の台座に相当するものとして、また軒のフリーズやコーニスは宮殿の柱頭から上のエンタブラチュア部分に相当するものとして考えられました。高度な技術を持つプラスター職人は、富裕な家の専属として迎えられました。また普通の家では18世紀の終わり頃までは、あらかじめ型に入れて固めたモールディングなどを現場にあてがうという形でおこなわれていました。産業革命に続く住宅建築の激増のなかで、こうしたディテールは規格品化されていきましたが、品質の低下は免れませんでした。

　現代のインテリア・デザインにおいてはプラスター壁はおもにミニマリスト的なデザインに使われ、その場合モールディングなどのディテールはほとんど使われません。白またはそれに近い中間色を塗った滑らかなプラスターの壁面は、現代的なインテリアにふさわしい静かな背景を提供しています。しかしひなびた自然な感じの仕上げが注目されるようになるなかで、「引き摺り仕上げ」などの粗い仕上げも好まれるようになっています。シーリング材やワックスを塗っただけの塗装されていないプラスター壁は、フレスコ画のような雰囲気を持ち、むしろ都会的な感じがします。

　プラスターやコンクリートとほぼ同じ成分からできていますが、より洗練され、より高級感のある素材としてテラゾがあります。現場で打設することも、タイルの形で張ることもできますが、テラゾはとても優美な表面を創りだし、また水のかかるところでも使うことができます。

コンクリート・プラスター

種類

上　研磨したコンクリートの床はクールでとても優雅です。現代的なインテリアにぴったりです。

右　コンクリート製の洗面化粧台と壁が石材と変わらぬ存在感を示しています。石ほど高価ではありません。

コンクリートやプラスターが美しい表面を造りだすことができるかどうかは、成分の質、割合、そしてもちろん工事をする人の技術にかかっています。コンクリートやプラスターを打設するには高度の技術が要り、素人には難しい仕事です。硬いコンクリートの表面はカーペットや敷物などで覆っていないときは音をよく反響させます。両方の素材とも多孔性ですからシーリング加工やワックス仕上げをしてシミがつかないようにする必要があります。コンクリートは火や熱に強く、適正に造られている場合はほとんど破損することはありません。テラゾもコンクリート同様に冷たく、硬く、音をよく響かせる性質を持っています。プラスターの表面はそれらに比べ柔らかく、強く叩くとへこみ、引掻くとキズがつきます。

コンクリート

コンクリートの基本成分はセメント、水、骨材（砂利、砕石等）です。最近はビル建築用のコンクリートにはポルトランド・セメントが使われていますが、その成分は石灰岩、アルミナ粘土、石膏、およびシリカです。骨材は細かい砂、砕石、砂利を用途に応じてさまざまな割合で混合したものです。コンクリートは一般的には灰色をしています。ホワイト・コンクリートはホワイト・セメントに色の薄い骨材を混ぜて造ります。

　コンクリートが十分な強度を持ち、美しい仕上がりを見せるためには、なによりも適性に調合されなければなりません。砂が少なすぎたり水が多すぎたりすると、密度が低くなり脆くなってしまいます。またセメントが多すぎるとひび割れしやすくなります。骨材は水分を吸収すると膨張しコンクリートの密度を低下させる性質があります。

　コンクリートは数時間で固まりますが最高強度に達するには1ヵ月ほどかかります。セメントと水の化学反応でコンクリートは固化するのですが、適正に混錬されていないとこの過程が均一に進まずひび割れの原因になります。

　住宅に使う場合には、現場で砂とセメントを混ぜ、打設し、表面を平らに仕上げる現場打ちの方法と既製品のプレキャストの厚板、タイル、パネルを張る方法があります。また室内の間仕切壁や屋外の中空壁用にはブリーズ（炭殻）・コンクリート・ブロックを使うこともあります。

　コンクリートは鉄筋、鉄線、鉄網などで補強し、建物の躯体として使われます。その場合、木や合板、金属板、その他の素材でつくった型枠に打ち込みます。その時型枠の表面の質感がコンクリート

の表面に残り、平滑、粒状、模様入り等の特徴的な仕上がりが生まれます。

　最近では写真製版の技術を用いて絵や模様を型枠用のせき板に彫りこみ、それをコンクリートの表面に転写する技術が開発されています。この技術はまだかなり費用がかかりますが、コンクリートの新たな表現の可能性を開花させようとしています。

上　触感を刺激する特別注文の模様の入ったコンクリート製の壁用パネルです。

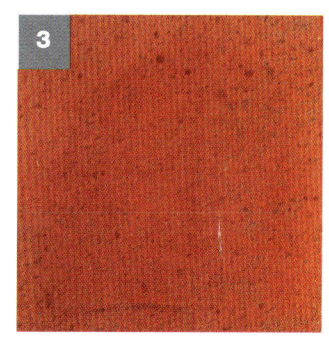

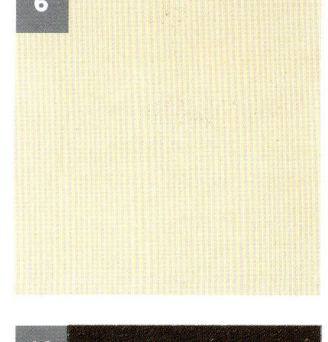

コンクリートは平凡なもの（2、5）ばかりと思われていますが、色も質感もいろいろあります。エッチング加工（1）、研磨加工（4、10）、ダイヤ研磨（7、8）、アクリル・シーリング（6）。骨材露出仕上げ（9）は荒々しい質感を出します。染料を加えれば着色することもできます（3）。

種類　151

テラゾ

　テラゾは大理石、御影石、色ガラス片などをコンクリートやセメントに混合して造る光沢のある現代的素材です。主にフローリング用として使われ、現場で打設される場合とタイルの形で張られる場合があります。磨耗に強く見た目も美しいことから、最近では商業施設の床によく使われていますが、地中海沿岸地域では家庭用にすでに何十年も前から親しまれてきました。自然石や大理石の種類を変えてさまざまな色や模様のものが造られています。コンクリート同様に磨耗に対して大変強く、特に油圧で成型したものは最高の硬度を持っています。ただしコンクリートよりも高価です。

プラスター（漆喰）

　室内用に使うプラスターの基本成分には石膏が含まれていますが、石膏には白、赤、灰色、黄褐色などさまざまな色合いのものがあります。一方セメントをベースにしたモルタルは屋外用に開発されたもので水に強い性質を持っています。

　同じ室内用でも使う場所、用途に応じてさまざまな種類のプラスターを使い分けます。下地用、仕上げ塗り用、薄塗り用、補修用等があります。種類を選ぶ時に大切なことは、下地に孔が多いかどうかということと温度です。両方ともプラスターが固まる速度に影響します。下地用プラスターはレンガなど吸水性の高い素材の上に下地をつくる時や、コンクリートなどより密度の高い素材のための接着材として使います。音を吸収しやすいように成分を特別に調合している遮音用プラスターというものもあります。

テラゾは骨材を変えることによって多くのバリエーションができます。大きな砕片を使うと粗い開放的な印象になり（3、6）、細かい砕片を使うと凝集した硬い感じになります（1、4、7）。

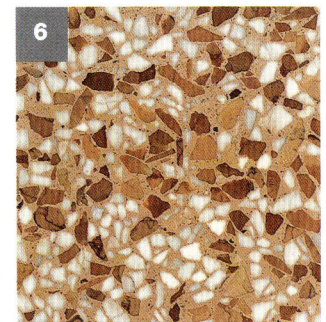

波型や渦巻き型などの模様をかなり凹凸のある浮き彫りのように仕上げるアルテックスなどの可塑性のプラスターもありますが、これは主に下地があまり滑らかでない時に使われます。ひなびた感じを出すために以前はよく使われましたが、現在ではむしろこれをどう除去するかということで関心が集まっています。答えは、かなり難しいという他ありません。叩き落すしか手はないのですが、そうすると下地を痛めるおそれがあります。その上からプラスターを再度塗っていくというのが一番良い方法ですが、その場合はプラスターがそれによく接合するようにプラスター用接着剤を前もって塗っておく必要があります。

装飾用のプラスターには他にも多くのものがありますが、そのなかでもよく知られているものが人造大理石、スカリオラです。大理石の表面によく似た質感が出せ、柱や、壁面から浅く突き出た柱型などの装飾によく用いられました。プラスター・オブ・パリスという石膏と大理石の砕片、着色セメント、接着剤に溶かした着色料などからできています。石灰塗料や毛羽だたせたモルタル下地の上に塗り、乾いたあと軽石で磨きオイルを塗ります。大理石の脈のような模様を出す時は、まだ乾ききっていないうちに着色料につけた紐を表面に押し当て、ある程度表面が乾いた時に取り除き、その上からもう一度プラスターを塗って仕上げます。

上　コンクリートの段板が壁から突きだし階段になっています。

プラスターボードは間柱の上に張って下地をつくる壁材で、その上に仕上げ用プラスターを塗ったり、壁紙を貼ったり、塗装したりします。ほとんどのボードは表裏を用途に応じて使い分けます。壁紙や塗料で仕上げる場合はアイボリー色の面を表にし、プラスターを塗る場合は灰色の面を表にします。断熱用プラスターボードは発泡ウレタンを裏打ちしているボードで、熱伝導を遮断するようにしたものです。またボードと発泡ウレタンの間に薄い膜を入れ、結露を防ぐようにしたものもあります。

昔から一般的にプラスターの壁は塗装していました。絵の具を塗った後で研磨したり成分のなかに絵の具を加えたりします。柔らかい自然な色合いが特徴です。

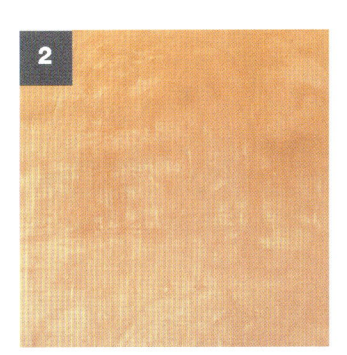

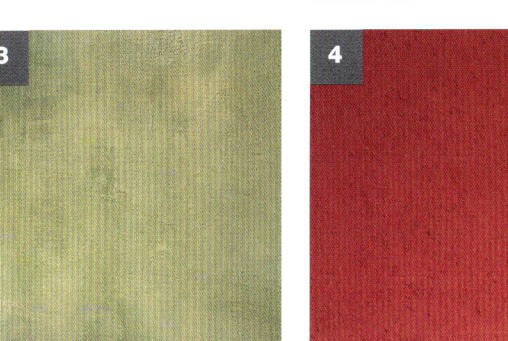

種類　153

魅力を活かす方法

コンクリート・プラスター

コンクリートもプラスターも元々は仕上げをするための滑らかな下地をつくるのが主な役目でした。そのまま露出させて仕上げる打放しの方法はまだ歴史の浅いものです。

プラスターを塗る場所はだんだんと壁、天井、および柱などの躯体に限られてきました。コンクリートの打放しの床はテラゾ同様に、特に1階や地下室の床に用いられます。

コンクリート・プラスターのフローリング

住宅においてはコンクリートは主にタイルやレンガ、石などの床のための堅固な下地床をつくるために使われます。古い住宅は木の床が多かったのですが、最近は特に1階部分だけでもコンクリートの床にする住宅が増えてきました。工業的または商業的施設を住宅に改造した建物ではそのままコンクリートの床を利用しています。

打放しのコンクリートには飾らない実直な美しさがあり、強い存在感が感じられます。

上　白亜色のプラスターは柔らかく光を反射させます。幅木やコーニス、モールディングなどの余分なディテールが除かれ純粋な空間を創りだしています。

また見た目通りに非常に硬く、かなり男性的な素材ということができます。コンクリートの床は非妥協的で、冷たく、音を反響させ、長い時間立っていると脚が疲れます。コンクリートの床をそのまま露出する時は、表面に埃が付着したり、逆に表面がこすれて微細な粒子が出ることがないようにシーリング加工をしておく必要があります。コンクリートは熱を良く伝えますから断熱材を下に敷くと良いでしょう。また床暖房には適しています。

　コンクリートの荒々しい男性的な魅力を演出する方法はたくさんありますが、同時にきめ細かな優しさを出す方法もいろいろあります。かなり表面が粗いコンクリートの床は細かい砂とセメントで作ったモルタルで上塗りをするとつや消しのしっとりとした仕上がりになります。またコンクリートの養生が終わった段階で、機械によって研磨すると滑らかで光沢のある表面に仕上がります。

　工場向けに開発されたコンクリート用塗料は剥がれにくく、また滑りにくくなっていますから、それを使うとさまざまな色を出すこ

左　ホワイト・セメントと海砂だけのシンプルなモルタルがそのままで驚くほど魅力的な床を創り出しています。現代的な家具とよく調和しています。

下　コンクリートの塗装には樹脂塗料を使います。信じられないほど滑らかで光沢のある表面が生まれます。

とができ、厳しさをやわらげることができます。アクリルやエポキシなどの樹脂性の塗料は塗布後自然に表面が平らになり、また化学薬品に対しても強い性質を持っています。これを使うと艶のある驚くほど都会的な仕上がりになります。専門の塗装業者に依頼しますが、硬化するまでしばらく時間がかかります。

　プレキャストのコンクリート・タイルは主に屋外の舗装に使いますが、薄いものは室内にも使うことができ、荷重に耐える下地床になります。タイルやレンガと同じように下地モルタルの上に張っていきますが、張る前にセメントをゆるく溶かしたものを接着材として裏に塗っておきます。モルタルが乾いたあ

魅力を活かす方法

コンクリート・プラスター

上　ロンドンのアパートの一室です。打設後研磨されたコンクリートの滑らかな床が現代的なインテリアのためのすっきりしたラインを創りだしています。

と目地を入れていきます。

　テラゾは気候の暑い地域や商業施設によく用いられますが、現場で打設する場合とタイルの形で張る場合と2通りの方法があります。打設する時は真鍮または亜鉛の板で囲いをし、その中に流し込んでコテで仕上げます。養生の後、刻み目をセメントで埋め、研磨機をかけます。テラゾ・タイルはコンクリート・タイルと同じ方法で張っていきますが、目地はコンクリートよりも広く取ります。またしばしば真鍮などの金属の細い帯を目地に使う場合もあります。

魅力を活かす方法　157

魅力を活かす方法

コンクリート・プラスター

上　コンクリートの表情は骨材によって決まります。階段のコンクリートには御影石や大理石の砕片が使われています。

左　テラゾのタイルには色や模様が数多く用意されています。石の大きな砕片がまばらな斑点のような模様をつくりだしています。

コンクリート・プラスターの壁

　コンクリート同様にプラスターの壁も埃は大敵です。また有孔質ですからそのままでは油汚れなどのシミがすぐについてしまいます。そのためシーリング加工をして液体が浸透しないようにしなければなりませんが、ここで少し問題が生じます。ワニスでもワックスでもプラスターの色調を暗くしてしまう傾向があります。これを補うためにプラスターに最初から白い絵の具を入れておくということも行われています。

　ピンクやピンク系茶色のプラスターの方が灰色やオフホワイトのものよりも見映えがします。その暖かみのある優雅な色合いは、古いフレスコのつや消しの壁やテラコッタの深い味わいに似て、心安らぐ自然な雰囲気を創りだします。ただあまり湿気が多い地方には向きません。

　プラスターの一般的な仕上げ方はいうまでもなくペイントで塗装することです。塗る色には別に制限はありません。ペイントと変わらぬ色の幅が出せ、より雰囲気のでる方法として、最初からプラスターの粉粒に粉絵の具を混ぜておき、それを混練するという方法もあります。シーリング加工をするとしっとりとしたプラスターの感触はそのままに、深い色合いが滲み出ます。また特殊な方法としては金粉や銀粉、おがくずや藁を混ぜることもあります。またプラスターが乾ききらないうちに、小さな玉石を埋め込んだり文字や絵柄を刻み込んだりしても面白い効果が出ます。

　工場や倉庫を住宅に改造したところでは、床だけでなくコンクリートの壁もそのまま利用することができます。工場などの雰囲気が

上　現代の建物の多くは躯体にコンクリートを使っています。剥き出しのコンクリートの梁と天井が圧倒的な存在感を示しています。

左　コンクリートは信じられないほど強度のある素材です。柱と桁の組み合わせが現代彫刻のようです。

魅力を活かす方法　159

魅力を活かす方法

コンクリート・プラスター

左　プラスターを薄く塗った仕切り壁がベッドの頭部になっています。プラスターには存在感を希薄にする能力があり、こんなことも可能になります。

下　左右とも　プラスターはそれ自身灰色からピンクまでの自然な色を持っていますが、混錬する時に絵の具を混ぜておけば深みのあるいろいろな色が出せます。

好きな人にとっては剥き出しのコンクリートの壁を何かで装飾することは余計なことでしょう。飾りのない実直さが魅力なのですから。コンクリート・パネルは内壁にも間仕切壁にも使えますが、その場合構造が荷重に耐えられることが前提条件です。

コンクリート・プラスターの備品

コンクリートやプラスターは広い面を覆う素材ですから、インテリアの備品としてはあまり思いつくものがないでしょう。伝統的なものとしては軒のコーニス（蛇腹）、モールディング（繰り形）や天井の円花飾りなどがあります。宮殿や大きな屋敷では高度な技術を持った職人が意匠を凝らしてこうしたディテールを造ってきました。また18世紀から20世紀はじめ頃までは、普通の家ではパターン・ブックを見て注文していました。現在ではこうしたディテールの規格品が古い時代の形をより洗練させて多く販売されています。またプラスターではなくスチロール樹脂で作った模造品もあります。これは軽くて安価で、取り付けも簡単です。塗装すると本物と見分けがつかないほど精巧に作られています。古い家の破損しているディテールを再現したり、補修したりする場合は、専門の職人さんに依頼すれば残っているものから鋳型を取って同じ物を作ることができます。

ただし現代的なインテリアにこうした伝統的なディテールを採用して成功した例はあまりありません。これらのディテールは元々は贅沢な飾りであると同時に、部屋を古典主義の比例に従って縦に分割するものですから、現代の家に適用すると天井高が低すぎて圧迫感が感じられ落ち着かなくなります。

コンクリート・ブロックは美的な観点はともかく実用性の面では大変使い勝手の良い素材です。レンガと同じように積み上げて上に天板を載せテーブルにすることもできますし、板を渡して本棚にすることもできます。また部屋の仕切り壁として、天井まで、あるいは中間まで積み上げても面白いでしょう。ただしあまり多く使うとかなりの重量になり

右　メキシコの有名な建築家ルイス・バラガンのスタイルからヒントを得た鮮やかな色のコンクリートの壁。

下　美しいコンクリートの仕切り壁がオープンプランの部屋を寝室とクローゼットに分割しています。

上　木の床に埋め込まれたモルタルのバスタブ。

上　スウェードのような質感のコンクリート製のバスタブです。ミニマリスト的な最高の表現。

上　アウトドア用のシンプルなコンクリート製のテーブル。

コンクリート・プラスター

魅力を活かす方法

ますから、構造が耐えられる限度内に収めることが大切です。

プラスターは摩滅しやすい素材ですから、水平にして何か物を乗せたりすることはあまりしません。例外は本棚です。古色の出た無垢板のうえに薄くプラスターを塗ると独特の本棚が出来上がります。

手入れと維持管理

プラスターもコンクリートも埃や油分によるシミを防ぐためにシーリング加工をしておく必要があります。プラスター壁は欠けたり引掻きキズがついたりしやすいものですから、よく物がぶつかるような場所には昔ながらの幅木や腰羽目を取り付けるようにします。その場合必ずプラスターが完全に乾燥したことを確かめておこないます。

プラスターの大きな弱点は、下地のへこみやキズなどの欠陥がそのまま表に出やすいという点です。細い髪の毛くらいのひび割れは普通ですが、大きく割れたり、徐々に広がっていく時は何か原因がありますから調査してみる必要があります。

コンクリートの表面に問題が生じるとき、特に現場で打設したものの場合は、原因の大半は混錬や養生が不完全であったことにあります。コンクリートの表面が異常に軟らか

ったり、粉を吹いたようになっている場合は、骨材による水分の吸収が多すぎたことが原因になっていることが多いようです。またセメントが多すぎる場合は表面に細かいひびがたくさん現れます。気温の高い場所では養生中にコンクリートの水分が急激に蒸発しコンクリート内部の圧力が急に高くならないように保護する必要があります。

　コンクリートやテラゾの手入れは洗剤入りのぬるま湯で汚れを落とした後、洗剤を完全に拭き取ります。中に入り込んだ埃を取る時は、あまり強力でない磨き粉で軽くこすって取り除きます。テラゾに艶出し液を塗ると滑りやすくなり危険ですからなるべく避けます。

右　光に溢れ透明感のあるバスルームのなかで打放しのコンクリートの壁がどっしりとした落ち着きを見せています。

下　テラゾの流し台は少し意外な感じがするかもしれませんが美しく耐磨耗性に優れています。

合成素材・革・リノリウム

左　プラスチックは現代文明を象徴する素材です。あらゆる方面で活躍しています。プラスチックの波板が軽量の間仕切りになっています。

右　PVCプラスチックの透明なカーテンが光を全方向に反射させながらキッチンとリビングを仕切っています。

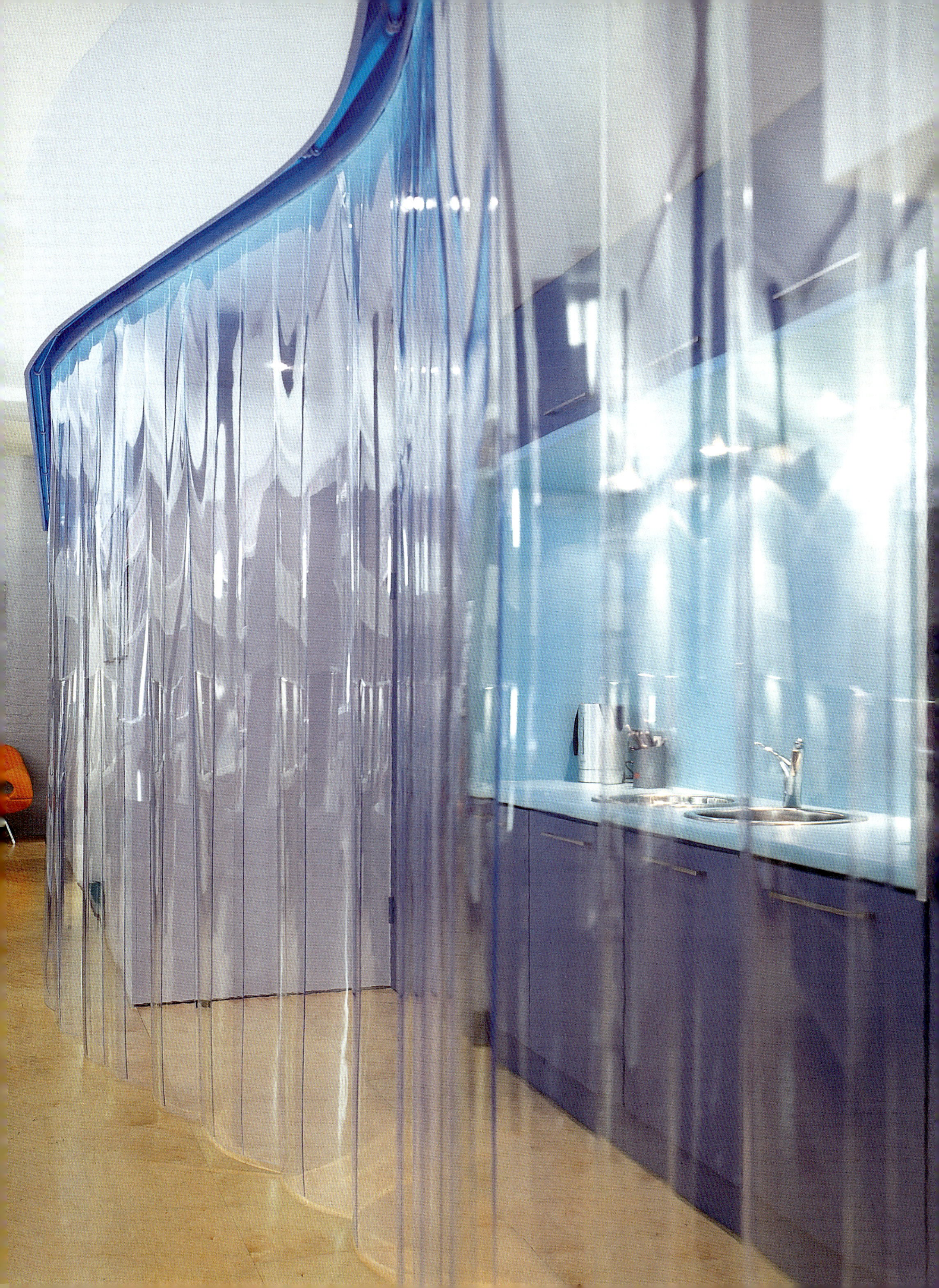

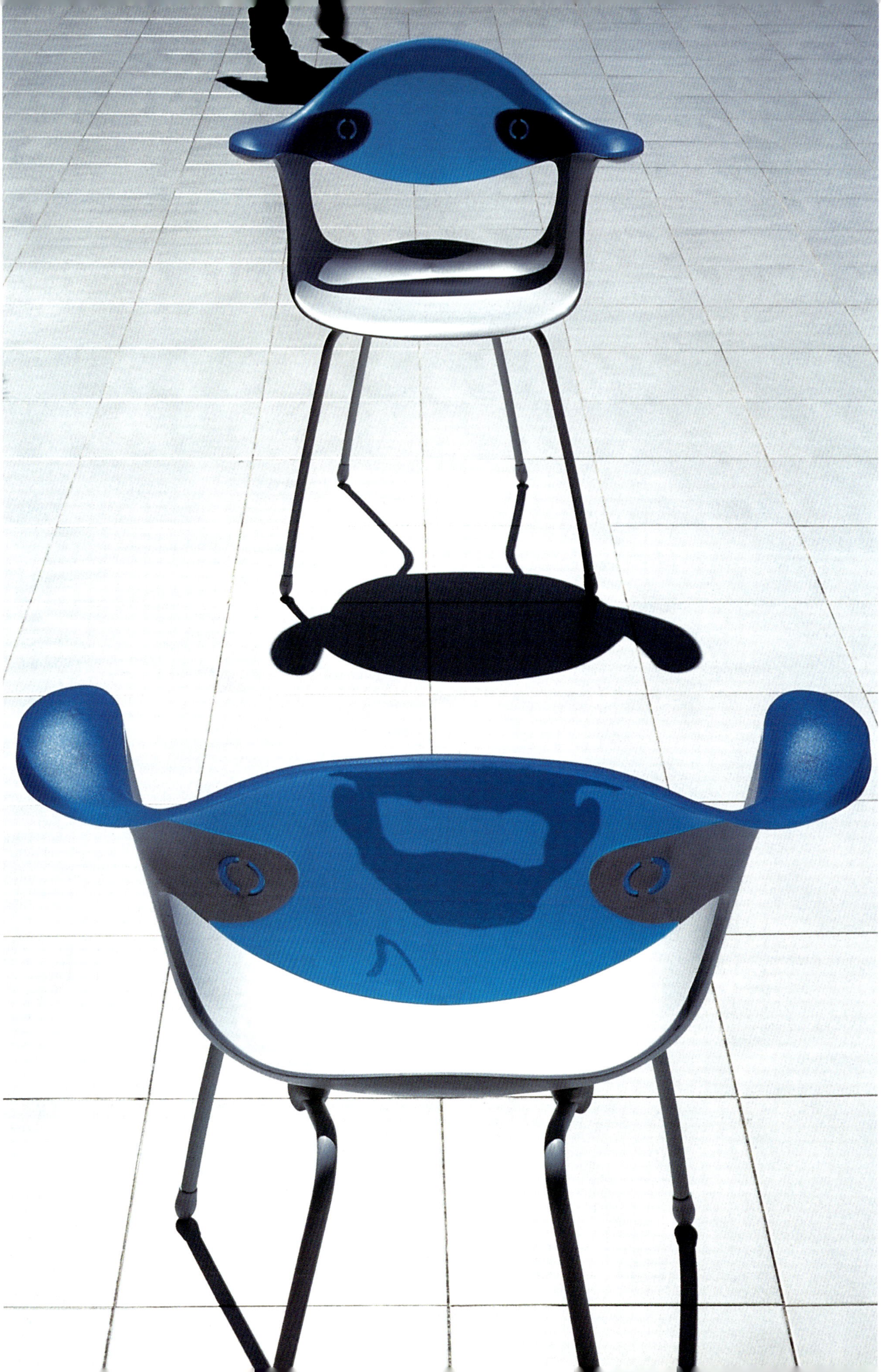

左　現代のデザイナーたちはますますプラスチックの魅力に惹かれているようです。ロス・ラブグローブ作の美しい曲線を持つブルーベル・チェアです。3色あります。

右　鋲打ち模様のゴム板は耐磨耗性に優れたフローリング素材です。この素材の特色は鮮やかな色が豊富に揃っているということです。

　最後になりましたが、この章で取り扱う素材は多岐にわたっています。プラスチックはいうまでもなく合成素材です。そして革やリノリウムはまぎれもなく自然素材です。プラスチックは完全に現代的な素材で、石油化学工業が生み出した20世紀の寵児です。リノリウムはおよそ1世紀半の歴史があります。革は有史以前からの素材です。このようにこれら3種の素材はまったく異なった範疇に属するように見えますが、共通点があります。それは、これら3種の素材は木や石や鉄などが建築素材として使われることによって持つことができた固有の文化を持っていないということです。つまり石やコンクリート、木や鉄がインテリアの素材になる時、それらは自らが主体となって造り出す建築物と密接な関係で結ばれていますが、プラスチックや革、リノリウムがインテリアの素材として使われるとき、それらの素材は建築の流れとは切り離されたところから持ち込まれます。

　世界最初の完全に合成の可塑性素材（プラスチック）は、今からちょうど1世紀前にベルギーの化学者レオ・ベークランドによって開発されました。それはベークライト（フェノール・ホルムアルデヒド）と名づけられましたが、惜しいことに色が濃い茶色に限られ、壊れやすく、そのため用途も限られていました。ベークライトで真っ先に思いだされるのは、古いラジオの外枠、電話の受話器、文房具等、独特の優美な魅力に充ちた懐かしい品物ばかりです。

　その後プラスチックが技術開発されていく中で2度ピークがありましたが、どちらも世界大戦の副産物ともいうべきものでした。1920年代から30年代にかけて、アクリル、ポリスチレン、ナイロン、ポリエチレン、さらにはPVC（ポリ塩化ビニル）が射出成型などの技術とともに開発されました。しかしこの時期はまだプラスチックの黎明期ともいうべき段階で、本当のプラスチックの時代は第2次世界大戦後に訪れました。

　ガスに変わって石油が原料に使われるようになり、プラスチックの種類も一挙に増えました。例えばポリプロピレンが発明されたのは1953年のことでした。1950年以降、新たな製品の開発が加速度的に進められ、それにつれて成型技術もますます進歩していきました。そしてその結果プラスチック・ファミリーの用途は人々の予想をはるかに越えて広がっていきました。

合成素材・革・リノリウムの美と歴史

右　半透明のプラスチック製の波板が光を透過させながらもプライバシーを守っています。こうした場面ではプラスチックはガラスよりも軽く安全です。

　周りを見渡しても、プラスチックほど幅広くしかも短期間に私たちの生活に入り込んだ素材はありません。家庭用ペイントのほとんどはプラスチックです。また床を保護するためのシーリング材やワックス、樹脂などにもプラスチックが含まれています。合板のカウンター、メラミン樹脂の食器棚、ビニルのフローリングなどもプラスチックが主材料になっています。その他シャワー・カーテン、各種のスイッチ、プラグ、便座、コンピュータの外側ケース、玩具、家庭用品、ビン、容器等々。私たちが毎日使う家庭用品、備品、設備のかなりの割合を、プラスチックやプラスチックを主な材料としたものが占めています。同時に、今のところプラスチックの建物というものはまだ出来ていませんが、プラスチックは建築の幅広い分野で活躍しています。グラスファイバー、アクリル板、パイプ、チューブ、断熱材、窓枠など、ほとんど何の脈絡もなくあらゆる分野でプラスチックが周りを取り囲んでいます。

　プラスチックがここまで生活に入り込み、プラスチック革命とも言うべき状況をつくりだしてきた原動力は、安価という経済的理由を別にすると、何よりもプラスチックの素材としての能力にあります。プラスチックは究極の「デザイナーよりの」素材です。つまりそれは要求された任務を確実に遂行するように設計することができます。例えば木はその性質によって使用にある限界が生じますが、逆にプラスチックは使用目的に応じてその性質を決めることが出来ます。それは軟らかくもなれば固くもなり、透明にも半透明にも、まったく光を通さないものにもなります。色も自由につけられますし、形状は無限です。プラスチックが私たちの身の回りになくてはならない存在になったとしてもまったく驚くに当たらないのです。

　もう一方のわが世の春を謳歌している素材であるコンクリートが私たちに時々嫌悪感を抱かせる素材とするならば、プラスチックは私たちにあまりにもそれに依存しすぎるという自責の念を抱かせる素材であるということができます。プラスチックはその安さのため、過剰消費と使い捨ての現代文明を象徴する素材になっています。私たちは微生物によって分解されることのないプラスチックの袋やトレー、その他の使い捨て商品を、環境への影響をほとんど考えることなしに毎日山のように廃棄しています。1973年のオイル・ショックの時にプラスチック製品の価格が急騰し、私たちの生活がどれほどそれに依存しているかということを思い知らされましたが、同時にその時以降プラスチックが地球環境に悪影響を及ぼす素材であるということが広く認識されるようになりました。さらには多くの研究によってプラスチック製品やそれを材料とする建材に長い間曝されると、健康を損なう怖れがあるということが次々に判明しました。

　プラスチックの使用はこのようにエコロジーと健康の観点からさまざまな問題を投げかけていますが、同時に美的観点においても賛否半ばする複雑な感情を惹起しています。プラスチックが世に出た当初は、着色することが難しく、いい色が出ませんでした。またその当時プラスチックはしばしば木や石など本物の素材の安い代役として使われました。その結果プラスチックには、見掛け倒し、表面的、偽物というイメージが付きまとうようになりました。また他の素材に比べてプラスチックは大変軽く、しかも自然素材ではありませんから年月と共にいい味を出すということもありません。こうしたこともプラスチックの印象を一層悪くしています。

　しかし最近になって、プラスチックの美的評価は少しづつ好転しつつあるようです。まず、プラスチックもかなりの歴史を持つようになったため、懐かしさを覚える対象になってきたということがあげられます。1960年代、70年代に活躍したヴァーナー・パントンやジョー・コロンボといったデザイナーの作品は連日オークションを沸かせています。手荒に扱われても破損しないよ

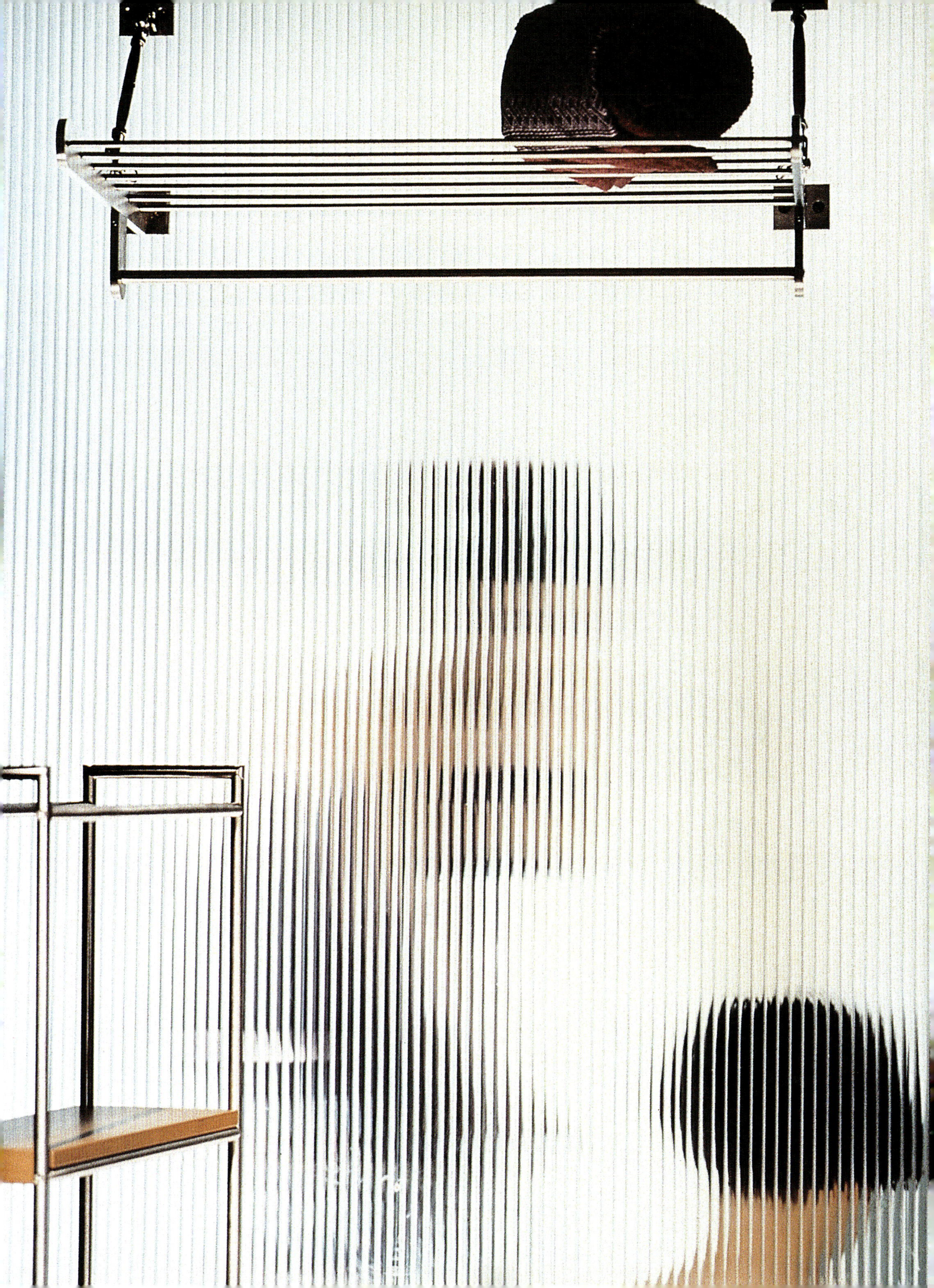

左　ビニルは手軽に床をカラフルにすることができる合成素材です。このような場面では木や石などを真似たものよりも鮮明な色のシンプルな幾何学模様のほうが見映えがします。

右　革は最も豪華な素材のひとつです。ドアと壁に張られています。革の質感を強調するために大胆にステッチが入れられています。

うに分厚く作られた製品でプラスチックは本領を発揮しています。1960年代に作られたがっしりとして光沢のあるキッチン・家庭用品には存在感に溢れた威厳のようなものが感じられます。次にこれとは逆の方向ですが、1990年代半ばにポリプロピレンなどの透明なプラスチックが開発され、それらはこれまでにない新しい美的感覚をもたらしています。それは自ら発光しながらより純粋な色をあらわし、新しい触感を喚起しています。プラスチックはこれまでいつも少数の熱狂的ファンを持っていましたが、いつかは誰からも愛される素材になることでしょう。

　プラスチックの使用による環境汚染に対する関心は依然として高いものがありますが、現在この点に関してさまざまな研究が進められています。プラスチックは今リサイクル可能な素材になりつつあります。ビニルの買い物袋やスーパーなどで使われているトレイはプラスチックの板やパネルに再生され、家具や建材に生まれ変わっています。フィリップ・スタルクをはじめとする一部のデザイナーは、これ以上木材資源を枯渇させないという環境的な観点から積極的にプラスチックを使った製品を発表していますが、それは議論に新たな波紋を起こしています。

　私たちは今後大変苦労しながらも、乳離れするようにプラスチックがもたらす簡便さから離れていく方法を学んでいくでしょう。しかし、意外に思われるかもしれませんが、それがもたらした美的影響からはなかなか自由になることはできないでしょう。というのもプラスチックの無い世界を考えてみてください。どれほど色の少ない世界になるかということが想像出来たことと思います。かつて輝くような色彩はいつも富裕な人々のもとに限られていました。しかしプラスチックの発展と共に、普通の人々

の生活にもありとあらゆる色が入り込んできました。プラスチックは自由自在にどのような形にも成型し、射出し、型抜きすることができます。そのためデザイナーはまったく自由に発想を羽ばたかせ表現することができます。結局プラスチックにまつわる問題は、素材としてのその特性にあるのではなく、それを使う私たちの使い方にあると言えるのではないでしょうか？

　多くの意味でプラスチックの対極にある素材が革です。それはインテリアの仕上げとして大変豪華で贅沢な素材です。それは完全な自然素材で、かなり高価です。革で表面を覆うという装飾法はずいぶん古くからおこなわれており、革張りの椅子やソファは数百年の歴史を持っています。それに較べ革を床や壁に張るという方法は、インテリア・デザインのなかではかなり目新しいものです。値段の高さだけでもこの素材は例外的な素材といえるのですが、許される人だけの特権とはいえ、革張りの壁や床は何とも言えない美しさで感性を刺激し、しかもその美しさは年月とともに魅力を増していきます。

　主に床に張る素材として使われているリノリウムは、以前は現在のプラスチック同様に多少敬遠されていました。発明されたのは19世紀中頃でしたが、その後タイルの代用品として受け入れられ広く使われるようになりました。両大戦の期間リノリウムはしばしば病院の廊下に張られ、なんとなく暗いイメージが付きまとうようになりました。しかし最近の技術改良にともない色も鮮やかになり模様も斬新なものが多く出され、そうした暗いイメージは払拭されました。プラスチック同様にリノリウムも木や石などそれよりも価値の高い自然素材の模様を模倣したものが多く出されています。その結果一部の人には合成素材と勘違いされていますが、リノリウムは天然成分だけからできている自然素材で、環境に優しいというお墨付きをたくさん貰っています。

合成素材・革・リノリウム

上　プラスチックはどのような形にも成型することができます。波状のアクリル板がそのままマガジン・ラックになっています。

プラスチックの種類

プラスチックは低分子の物質(モノマー)を重合という工程によって多数鎖状に結合させ、高分子の物質(ポリマー)にしたものです。ポリマーには大別してサーモプラスチック、サーモセット、エラストマーの3種類があります。

サーモプラスチック(熱可塑性樹脂)は1次元構造(線状)の鎖状高分子で、熱によって軟らかくなる性質があります。ポリスチレン、ポリエチレン、ポリプロピレン、PVC、アクリル、ナイロンなどの種類があります。複雑な形に成型することができ、温度に対して非常によく反応します。加熱すると軟化し冷却すると固化し、この過程を何度も繰り返すことができます。

サーモセット(熱硬化性樹脂)は3次元の架橋構造の高分子で、ポリエステル、メラミン、シリコンなどの硬いプラスチックがこの仲間です。加熱すると軟化して成型することができますが、いったん固化すると二度と軟化することはできません。サーモプラスチックよりも耐熱性があり強度も優れています。

エラストマーは長い鎖状の高分子がコイル状に巻いたもので、ゴムのような弾性が特徴です。合成ゴムがその最も代表的な製品です。

プラスチックは全般的に可燃性で、しかも着火すると激しく燃焼するだけでなく、有毒ガスを発します。ポリ塩化ビニルが最もよく知られていますが、軟らかいプラスチックは化学成分を大気中に放出する性質を持っています。またホルムアルデヒドなどのプラスチックが皮膚に炎症を起こすことが知られていますが、最近ではさらにシックハウス症候群の原因ではないかと問題になっています。

サーモプラスチック(熱可塑性樹脂)の種類

アクリル　アクリル製品のなかで最もよく知られているものは、パースペックスです。シート状にしてガラスの代わりによく用いられます。シャワールームの間仕切り、バスタブ、シンクなどによく使われます。アクリルはガラスと変わらない透明性を持ち、軽く割れにくい素材ですが、ガラスよりも高価で引火しやすく、またキズがつきやすく、そのため透明性が失われやすいという欠点を持っています。

ポリエチレン(ポリシーン)　薄い透明のプラスチックのフィルムで、生鮮食品の包装によく使われています。また屋外用電線の絶縁体や金属の防護皮膜として用いられています。

PVC(ポリ塩化ビニル)　PVCは結露防止膜、シャワーカーテン、床の仕上げなど多方面で使われています。ビニルの床タイルやシートなど床や壁に張る素材として用いられる一方、「ブロー・チェア」などのブロー成型方式で作られる家具の原料にもなっています。PVCの寿命は短く、特に紫外線に曝されると脆くなります。また埃がつきやすいという欠点もあります。

ポリプロピレン　現在ポリプロピレンを使った透明な色の製品がプラスチックのイメージを良い方向に向けつつあります。有名なデザイナーのロビン・デイが1963年にデザインした椅子は今でも生産が続けられています。最近ではフィリップ・スタルクもこの素材の優美な持ち味を活かした椅子を製作しています。またカラフルな液体洗剤の瓶、トイレ・ブラシ、屑入れなども有名デザイナーのデザインにより次々と製作されています。

上　写真を転写したコルクタイルです。耐磨耗性と撥水性を高めるため表面をPVCで被覆しています。

ポリスチレン　発泡スチロールという呼び方でよく知られている素材です。商品保護用包装資材として、またプラスターなどの代用品としてモールディングなどに使われています。組み立て式家具にも使われています。

ポリカーボネート　ガラスの代わりとして、また家庭用品にも多く使われています。アクリルよりも高価ですが、キズがつきにくいという利点があります。

ナイロン　化学的な正式名はポリアミドですが、その興隆を支えた2大都市、NY—LON(ニューヨーク—ロンドン)の名前を取ってこのように名づけられました。カーペットの繊維としてよく知られていますが、ドア周りやカーテンレールなどにも使われています。

ポリビニルアセテート　エマルジョン・タイプの塗料、床の仕上げ材、接着剤の原料になっています。

テフロン(PTFE、ポリ・テトラ・フルオロ・エチレン)　航空機産業において物が吸着しにくい素材として開発されたものです。家庭では調理器具のコーティングに使われていることでよく知られています。また上着などの衣料品にも撥水性を高めるために使われています。ロンドンのミレニアム・ドームの屋根もテフロン加工のグラスファイバーでできています。

サーモセット(熱硬化性樹脂)の種類

メラミン　色彩豊かなラミネートのテーブル、カウンター等の原料として幅広く使われています。

ポリウレタン　ポリエステルの一種で短時間の間に硬い皮膜を作ることができるため、ペイントや合成ワニスの原料になっています。発泡ポリウレタンは絶縁体やクッション、マットレスの中身として使われています。またパネルやボードの裏打ち材、心材として使われています。ポリウレタンは健康に有害なプラスチックの1つに挙げられ、呼吸器疾患の原因になると見なされています。非常に可燃性の高い物質です。

ポリエステル樹脂　(グラスファイバー、GRP)は高分子繊維をポリエステル樹脂で束ねたものです。

エポキシ樹脂　接着剤に最も適した素材で、コーティングや接着剤の原料になっています。毒性があります。

ホルムアルデヒド　防腐剤や接着剤として家庭用品に幅広く使われています。カーテン、カーペット等の布やハードボード、チップボード、合板、パーティクルボード等の合成木材に多く使われています。皮膚、眼、鼻、喉に炎症を起こし、呼吸器疾患、頭痛、倦怠、吐き気を惹起する可能性のある物質と見なされています。

尿素ホルムアルデヒド　接着剤や床のシーリング材の原料になっています。かつては中空壁用の絶縁体として一般的に用いられていましたが、健康に悪影響を及ぼすと見なされています。数カ国で使用禁止になっています。

下　プラスチックは家庭のすべての分野で活躍しています。強く、安く、手入れもほとんど必要ありません。

フォーミカ

　本来は人気商品の商標でしたが、テーブルやカウンターの天板として使われる実用的で装飾性の高いラミネート・パネルを一般的にこう呼ぶようになりました。表面の模様には木、金属、石を転写したものや、抽象的な幾何学模様、無地のものなど幅広く揃っています。本物のフォーミカはサーモセット樹脂を浸透させた紙を数層、高温で圧着したものです。中心に硬い心を入れた厚いものもありますが、表面から中まですべて同じ色で統一されています。

コーリアン

　こちらも商標登録されている製品ですが、アクリル樹脂に天然の鉱物を混合し固めた素材で、いろいろな厚さのものが用意されています。コーリアンは切断、成型、ドリルによる穴あけなどが自由にでき堅固で美しいことから、カウンターの天板、流し台など、家庭用品から業務用設備まで幅広く使われています。最も大きな利点は色・模様が全体に均質に行き渡っているため、模様が擦れて消えたり剥がれたりすることがないということです。常温ではガスを発生せず、毒性もなくアレルギーも惹起しません。熱、衝撃、シミに強く、耐火性です。90色以上の色柄が用意されています。

ラミネートは色、模様とも豊富に種類が揃っており、自然素材を転写したものも多数あります。(1)メタリック・レリーフ、(2)滑らかなメタリック。コーリアン(3、4、5)はユニークな商品で多方面で活躍しています。色、模様が全体に均質に行き渡っていますから、キズがついても磨けば直ります。

ビニル

合成素材でできたタイルやシートなどのフローリング用製品には必ずPVC（ポリ塩化ビニル）が含まれています。PVCの含有率が高いほど品質が良くなります。最高品質のビニルは自然素材と変わらない値段がします。色、質感、模様ともさまざまな種類のものがあり、また木、石、テラコッタなどを転写したものも各種揃っています。

ビニルは撥水性があり、家庭で使う化学薬品や油分にも強い性質を持っていますが、引火しやすく、タバコによる焼け焦げには注意が必要です。品質により等級が分かれ、厚さもいろいろありますが、薄いものほど磨耗しやすいといえます。漂白剤や成分の強い洗剤を使うと色が落ちることがあり、またゴムのヒールもあまり良くありません。内側にスポンジを張ったものは弾力性があり、保温効果もあります。

上　コーリアンの天板には水はけ用の溝が刻まれています。コーリアンは穴開けなど硬質木材同様に加工することができます。

ビニルはPVCの含有量と厚さによって値段が決まってきます。滑り止めに鋲打ち模様が入っています（1、2）。フローリング用特殊滑り止め加工したもの（3）もあります。

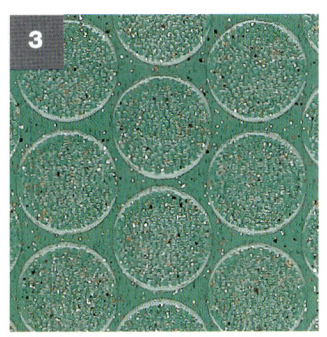

自然素材の模様を写したビニル製フローリングが多く販売されていますが、シンプルな幾何学模様のほうが概して見映えが良いようです（4、5、6、7、8）。

合成ゴム

　天然ゴムの生産がまったく需要に応じきれなくなったため合成ゴムが開発されましたが、現在インテリアに使われているほとんどのゴム製品は合成ゴムです。合成ゴムのタイルやシートは加硫合成ゴム、シリカ、染料を原料に造られます。合成ゴムは天然ゴムよりも着色しやすく、耐磨耗性もあり、また滑りにくく、耐水性もあります。また静電気を起こさず、抗菌性能もあり、タバコの焼け焦げにも強いという利点もあります。音を遮断する効果もあります。耐油性のゴムや屋外用のゴムは注文に応じて生産されます。色、柄、質感とも大変多くの種類が揃っており、また大理石やテラゾを模したものもあります。

革

　革張りの家具には独特の雰囲気があります。柔らかく、しなやかで、心をくすぐる匂いもします。床や壁に革を張るとさらに豊醇な感じが漂います。おもに雄の若牛の、コラーゲン繊維が最も強い体の中央部の革を使います。生皮を植物性タンニンでなめした後、アニリン染料で染色します。革タイルは形、サイズとも各種揃っています。色は豊潤な暖かい色が多く、黄褐色、あかね色、自然な茶色、ダークグリーン、黒色などです。

　革を張った表面は、意外に耐磨耗性があり、暖かく、弾力性があり、音を吸収します。床に張ると引掻きキズは避けられませんが、手入れを怠らなければとてもよい古色が出ます。

大半の合成ゴム製品には滑り止めに表面にレリーフ状の模様をつけています（1、2、3、4）。ドット、鋲打ち、ひし形、段板用など。床や壁に張る革の色は自然で豊潤な色が多いようですが、家具などに張る革には色が豊富に揃っています（5、6、7）。

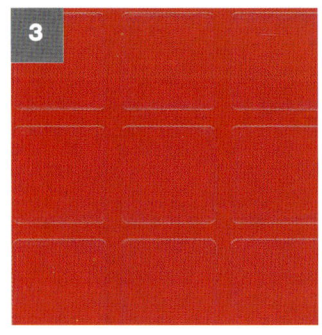

リノリウム

　リノリウムはイギリス人フレデリック・ウォルトンによって1863年に発明されました。リノリウムという名前は、亜麻仁油を表すラテン語「oleum lini」からつけられています。大半の人がリノリウムを合成素材と思っていますがこれは間違いで、亜麻仁油、松脂、コルクの粉、おがくず、石灰石の粉末、顔料などの自然素材だけからできています。これらの原料を混合したものを麻布に圧着し、それを数週間乾燥させた後高温で焼き上げると、つや消しのざらっとした触感のリノリウムが出来上がります。リノリウムの場合、たとえ鮮明な色でも、自然な柔らかな感触をもっています。第二次大戦前までに生産されたリノリウムはあまり耐久性がなく、長く使うとよく破れました。大戦後ビニルが登場すると短期間にその地位を奪われてしまいましたが、最近数十年の改良の結果、色、柄、質感が大変豊富になったことから再度人気を盛り返しています。現在のリノリウムは豊醇で洗練されていて、かなり高級品になっています。

　リノリウムには優れた点が数多くあります。まず自然にそなわった抗菌効果です。そのためキッチン、リビングなどに最適です。今では多くの病院やクリニックで採用されています。また静電気が起きないため埃を吸着せず、ダニの発生を防止する効果があります。そのため喘息やアレルギー症の家族がいる家庭には特に推奨されています。暖かく、吸音効果があり、触感も良く滑りません。さらに現在のリノリウムは使うほどにいい味を出すようになり、耐磨耗性も年々改良されています。

上　リノリウムのメーカーは各社個性溢れるデザインを発表しています。中央に渦巻貝をあしらったもの。

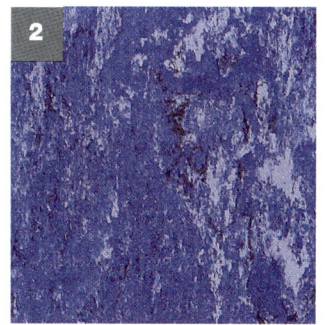

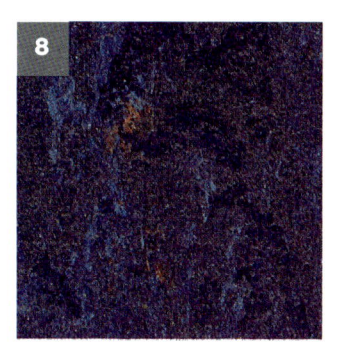

リノリウムはすべて自然素材からできています。そのためプラスチックをベースにしたものよりも色がやわらかい感じに仕上がります。また色の幅も豊富です（1-8）。

種類　177

左右とも　ニューヨークのダンサーの部屋です。練習用にゴムのフローリングを2層にして張っています。スポンジゴムのインターロッキング・タイルの上に硬いゴムシートを敷いています。

魅力を活かす方法

合成素材・革・リノリウム

　合成素材はシーリング材、ワニス、ペイント、防護剤などインテリアの裏方として、また建材の裏打ちや、絶縁体として、さらにはパイプ、スイッチ、ソケット、プラグなどあまり目にとまることがない身近な器具として、実に多くの分野で活躍しています。このような分野では、唯一の関心事は機能遂行という実践的な問題だけでしたが、最近はこれに健康に対する影響という問題が加わってきました。合成素材をインテリアの表舞台に使う場合にはその美的効果を考慮しなければなりません。

　プラスチックはそれ自身の美的価値を持っていないように思われることがあります。というのも、それは自然素材の代役として登場することが多いからです。ラジオのキャビネットにベークライトが木を模して使われて以来、プラスチックはガラス、大理石、石、木、テラコッタ、テラゾなどあらゆる自然素材の表面に似せて製品化されてきました。確かに素晴らしく良く出来ており、少なくとも外見では区別がつかないものもありますが、一見しただけで美的評価に値しないと目を覆いたくなるような質の悪いものもあります。

　しかし装飾の世界では何かに似せるということはずいぶん昔からおこなわれてきたことで、それなりに価値のあることでした。木やプラスターは塗装され、細かい筋目や斑点、流紋を入れられ希少で高価な素材の代役を務めさせられましたが、それは決して不快感を起こさせるようなものではありませんでした。しかしプラスチックの場合はそれらと本質的に違います。というのはプラスチックの場合ほとんど実質とは無関係に表面だけが目に飛び込んでくるからです。プラスチックは私たちの感覚の全体を揺さぶるということがありませんが——その匂いや手触りがきらいという人もいますが——、それはプラスチックの存在感が希薄であるということを意味しています。そのことは触ったりその上を歩い

たりすると、とたんに本物のイメージが消え去ることでよくわかると思います。受け入れることができない人にとっては、それらは本物の素材が持っている価値を貶めるものであり、また本物を一所懸命手入れしている人にとっては不快感を覚えるものでもあります。しかし、もしプラスチックが美しさを持っていないとするならば、逆説的かもしれませんがそれを前面に出すことでその美的価値を引き出すことができるのではないでしょうか？

合成素材の多くが強く鮮明な色彩をしており、礼儀知らずのごてごてとしたキッチュな雰囲気を持っていますが、それを利用してあまりにも精神的で深刻になりすぎた現代のインテリアに少し風穴を開けるのも良いかもしれません。1960年代に流行したスペース・ファンタジーのようにすべてが合成素材の室内というのは疎外感を感じさせるかもしれませんが、ところどころに、ふさわしい形で合成素材を使うと、実用性と現代的な感覚を結合させてインテリアに新しい風を送り込むことができるでしょう。

合成素材のフローリング

ビニル、合成ゴム、リノリウムのフローリングは軽く、張るのも簡単で、目地や継ぎ目のほとんどない床を造りだすことができま

す。革を張る場合は特殊な継ぎ合わせをしなければなりませんが、ビニル、合成ゴム、リノリウムの場合はタイルやシート等の手軽な形で利用できます。シートは最近では色彩的に落ち着いた感じのものが増えています。これらのフローリングは暖かく、弾力性があり、概して快適で（あまり安すぎるビニル製は除外して）、掃除も簡単です。これら3つの合成素材を実用性の観点から見た時の大きな違いは、ビニルはあまり長持ちせず、長く使うといい味が出るということがないという点です。擦り切れたビニルのフローリングには一片の魅力もありません。

合成素材・革・リノウム

上　棚にはガラスの代わりに実用的なパースペックスを使っています。床はブロックボードの上にリノリウムを張っています。リノリウムには天然の抗菌作用がありますからキッチンには最適です。

右　キッチンにブルーのゴムのフローリングが張られています。レリーフ状の模様が滑り止めになっていますが、埃が固まらないようにこまめに掃除する必要があります。

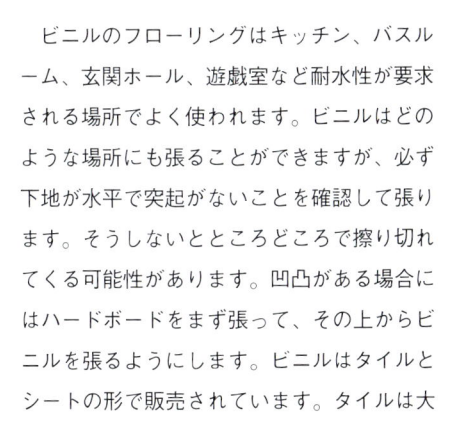

上　ビニルで被覆したコルクタイルには、この玉石のように自然の写真を転写したものが多くあります。

左　光沢のあるブルーのリノリウムが実用的にも色彩的にもこのキッチンにぴったりの床を創りだしています。

　ビニルのフローリングはキッチン、バスルーム、玄関ホール、遊戯室など耐水性が要求される場所でよく使われます。ビニルはどのような場所にも張ることができますが、必ず下地が水平で突起がないことを確認して張ります。そうしないとところどころで擦り切れてくる可能性があります。凹凸がある場合にはハードボードをまず張って、その上からビニルを張るようにします。ビニルはタイルとシートの形で販売されています。タイルは大きさ、形とも豊富に種類が揃っています。シートは幅4mのものまで揃っています。ビニル用の接着剤で固定しますが、素人でも十分きれいに張ることができます。

　色柄に関しては、自然素材そっくりの高級なものから、明るい色と模様の安価なものまで多種多様に揃っています。人が激しく行き来する小売店などの床用にデザインされたものには、円形や菱形の突起がたくさん出て滑り止めになっているものもあります。こうした種類のものは光沢があり美しく、家庭に用いても現代的な雰囲気が出て見映えがします。明るい絵画的な色彩のもの、あるいは円や直線を抽象画風に構成したもの、墨流し模様などは、偽物くささを感じさせずインテリアを現代的に盛り立てます。また床を超リアルにすることで独特の雰囲気を出すビニルタイルもあります。枯葉の舞い落ちた地面、河原の玉石、水面の陽光、砂浜、草原などの写真をそのまま転写したものがあります。コルクタイルをPVCラミネートで厚くコーティングしたタイルもあります。

　今ではリノリウムもビニル製品と変わらない色柄が揃っています。墨流し模様、水玉、波紋から格子縞、ストライプ、市松模様、矢羽など。また注文に応じて現場に合ったデザインをコンピュータで描き転写することもできます。縁飾りをつけることも可能です。

　リノリウムは張る前に、およそ48時間ほど現場の温度と湿度になじませることが必要です。下地はやはり完璧に水平でしっかり乾燥している必要があります。リノリウム・タイルは目地から湿気が入り込むことがないよう

合成素材・革・リノリウム

にしっかりと接合することが大切です。リノリウム・タイルは時間の経過とともに縮むのではなく膨張します。シートタイプのリノリウムの場合、重量があり扱いにくく、また継ぎ目を溶接したり、張った後に表面にしっかりとローラーをかける必要もありますから専門業者に依頼します。

ゴムのフローリングは工場でよく使われているものですが、ハイテク様式ではお馴染みの方法です。耐摩耗性に優れ、強く、特にレリーフ模様の入っているものは硬質な工業的雰囲気を持っています。色も豊富に揃っており、大胆な現代的な色彩のものもあります。メーカーの中には、国際標準の色見本すべてに合わせられると自信を持っているところもあります。表面の仕上げも平滑(無地、大理石、テラゾ風仕上げ)なものから鋲打ち、波型、水玉、格子などで表面にレリーフ状の模様を付けたものまで各種あります。滑りにくくするために表面に凹凸を付けていますが、埃がたまりやすく掃除がしにくいというのが欠点です。上質のものは通常より厚くなっていますがその分高価です。タイル状のものもシート状のものもありますが、張るのはそれほど難しくありません。下地床は十分乾燥し、水平になっている必要があります。接着剤を下地床とゴムの両方につけ接合しますが、指定された時間が過ぎると完全に接着しています。

革張りの床はキッチンやバスルームなど水がかかりやすい場所には厳禁ですが、それ以外の場所では、大変豪華な雰囲気を演出し、しかも意外と実用的です。まったく型破りな方法ですが、床を革張りにすると、クラシックなインテリアから現代的なものまで、ほとんどのデザインにマッチします。その豊かな芳醇な色合いは他のすべての自然素材と良く引き立て合い、東西の文化を折衷させたデザインに良く似合います。革張りの床には独特の官能的な雰囲気がありますが、かなり高額になります。しかしもし余裕があるならば、適切に手入れをすればずっと長く美しさを保

左　リノリウムは正真正銘の自然素材ですが、豊富な色と柄を持っています。燃えるようなオレンジを使っていますが、柔らかな感じがします。

右　革張りの壁は触感を最高に刺激します。埋め込みのダウンライトが効果を一層高めています。

ち、風格も出てきますから一考の価値はあります。下地床は十分乾燥し、水平で、できるだけハードボードまたは合板を張ったものにします。革タイルが変形して隙間ができた時にはカルナバ蝋を埋め込みます。

壁とカウンターの被覆

　フォーミカ、コーリアンなどのラミネート素材は、家庭内で頻繁にしかも粗雑に扱われる場所に最適の素材です。工業的に生産されていますからサイズや厚さは豊富に揃っています。上に物を載せる水平方向には厚手のものを、壁や扉などには薄いものが適しています。高価なものほど実際に品質が良く、手入れも簡単です。安いものは熱や引掻きキズ、鋭利な刃物などですぐに駄目になってしまい

下　倉庫を改造した一室ですが、パッチワークの革を張った床が夢のような空間を創りだしています。想像以上に強い素材です。

ます。ラミネート素材はキッチンの流し台や洗面所にも良く使われます。とくに石材を模したものは見映えも良く軽くて手入れも簡単です。少し気になる点といえば、触った時に温かい感触があることくらいです。

　これらの合成素材は、見た感じはともかくとして、木、金属、石などの自然素材に似せて造られたものが多数ありますが、抽象的な絵柄の方がどちらかといえば見映えがします。メーカーも最近は強烈な明るい色彩のものを多く出すようになっていますが、それらは室内に元気なアクセントをもたらす良い方法になります。

　ラミネート・パネルはキッチン・ユニットの表面や流し台のはねよけ板、洗面ユニットの前面など、狭い壁の被覆にも用いることが出来ますし、木の代わりにもっと広い壁全体を覆うこともできます。さりげなくパースペックスをキッチンやバスルームの水の良くかかる場所に使っても面白いでしょう。ただしレンジの後部など高温になる場所は避けます。

　合成素材と真反対の位置にある素材、革を壁に張ると、言葉で表現できないほど甘美で、優しく抱かれているような感じをインテリアにもたらすことができます。ベッド頭部の壁を革張りにすると最高の寝室になります。あるいは書斎の壁を革で覆ってクラブのような雰囲気にするのもおもしろいでしょ

魅力を活かす方法　183

左端　ペットボトル、箱、袋などのプラスチックがユニークなテーブルに生まれ変わりました。

左　廊下天井のパースペックスからカラフルな光が注いでいます。

下　木枠の半透明のプラスチック・スクリーンが軽やかなパーティションになっています。

右端　合成素材には本物を模したものが多くあります。御影石そっくりのアクリルの洗面化粧台。

右　明るい緑色のプラスチックの波板は波型鉄板そっくりの質感です。

次ページ下　プラスチックも前衛的なデザイナーによって高級品の仲間入りを果たしています。インゴ・マウラー作のテーブル・スタンドです。

魅力を活かす方法

合成素材・革・リノリウム

う。リノリウムをパッチワークのように張り合わせて壁用のパネルを製作している工芸作家もいます。シーリング加工をすれば、防水性に問題はありません。

設備や備品

1960年代の流行を大胆に取り入れたレトロなインテリア・デザインが最近注目を集めていますが、そのようなデザインでは合成素材の設備や備品が頻繁に使われています。ちょっとポップでちょっとキッチュな、ガレージセールで集めてきたようなプラスチック製品が少しおどけた調子で室内を飾っています。透明なPVCで造った一体成型の古典的デザインの椅子や、ロビン・デイのポリプロピレン製の多目的椅子など、レトロな雰囲気を持ったものが現代の透明な原色の家庭用品と一緒に並んでいます。ビニルの帯を編んで作った1950年代のソーサーチェアなどの骨董的な製品も雰囲気を盛り上げています。

またプラスチックのビーズでできたカーテンや極彩色の細い帯のすだれ、ビニールで覆った電話線を編んだズールー・バスケット等のアクセサリーも一役かっています。またフロアには人工芝やプラスチックのすのこも敷かれています。パースペックスのスクリーンやシャッターも現代的な歯切れの良い感覚をもたらします。こうしたデザインではどのような素材を選ぶかということが一番大切です。平凡な家庭用品ではプラスチックは見た目よりも機能が重視されますが、このような場面では何よりも素材としての魅力に重点をおいて取り入れるようにします。

革張りのソファや椅子の魅力についてはもはや説明するまでもないでしょう。あまり高くない革やスエード張りのキューブ型の椅子等おもしろい物も出ています。究極の粋をめざして革製のカーテンなどいかがでしょうか？

手入れと維持管理

合成素材の製品の宣伝文句に「お手入れが

魅力を活かす方法

簡単」というのがよくありますが、実際ある程度の品質と値段のものはそのとおりです。ビニル製のフローリングやラミネートの天板の最高品質のものは、少々手荒く扱ってもキズがつかないほど頑丈にできています。しかし値段が安くなり、質が低下するにつれ、耐磨耗性、耐薬品性、さらにはもっと重要な耐火性は急激に落ちていきます。そして値段の安いものは耐用年数も大変短いようです。

ビニルのフローリング シーリング加工をする必要はありません。磨き粉や漂白剤入りの洗剤を使うと色落ちがし、劣化が早くなります。ゴムの靴底でできる黒いシミはすぐに除去しないと消えなくなることがあります。その他害を及ぼすものには砂粒、ハイヒール、タバコの灰、溶剤、除光液などがあります。また重いものを引き摺らないようにします。

通常の手入れとしては、中性洗剤の溶液で汚れを落とした後、水拭きで洗剤を良く除きます。光沢を出したいときには水溶性のつや出し液を使いますが、滑りやすくなりますから注意します。

リノリウムのフローリング 張ったあと色（特に白、灰色、青）によっては黄色いシミが目立つようになります。これは「ストーブ・イエローイング」と言って、リノリウムが熟れていきつつある証拠で、一時的な色落ちです。数時間から数週間（地下室などあまり日光が当たらない場所では）日光にあてておくと自然に消えます。

左　革は古くから肘掛け椅子の上張りに用いられてきましたが、こうした使い方はこの素材の現代的な装飾的可能性を示しています。

下　プラスチックという素材にはデザイナーのどんな実験的な試みにも応える能力があります。型枠で一体成型された1970年代フランスのリクライニングチェアです。

次ページ下　透明なパースペックスの椅子がインテリアに未来感覚を添えています。

魅力を活かす方法

合成素材・革・リノリウム

上　1950年代のラミネート張りのテーブルですがレトロな雰囲気を持っています。

左　ラミネートは安価で強く、色も豊富で大変便利な素材です。食器棚の前面、カウンター・トップ、壁などさまざまな場面で活躍しています。

シーリング加工をする必要はありません。光沢を出したいときは乳化タイプのつや出し剤を塗り磨きます。塵や埃は掃除機や箒で取ります。激しくシミがついたときは中性洗剤を染み込ませた布で拭きますが、あまり濡らさないようにします。シンナーなどの溶剤やソーダ入りの洗剤、強い漂白剤などを使うと取り返しのつかないほど傷めてしまうことがあります。タバコの焼け焦げは柔らかくこすり落とします。

ゴムのフローリング　表面の埃はゴム用の洗剤で拭き取ります。ゴムはそのままでは表面の艶が失われていきますが、水溶性のつや出し液で表面を保護することもできます。日常の手入れは中性洗剤を染み込ませた布で拭きますが、必ず洗剤を拭き取っておきます。

革のフローリング　革はいつもワックスを掛けておくことが大切です。ワックスは革に必要な成分を補給し表面を湿気から保護します。革を張った後、実際にその上を歩く前に少なくとも3回はワックスを掛けて磨いておく必要があります。その後は2週間おきに乾拭きし、半年に1度ワックスをかけるようにします。

プラスチックの天板　等級によって耐久性も手入れの必要性も大きく変わります。毎日の手入れは中性洗剤で拭く程度にします。磨き粉入りの洗剤や酸性の洗剤は使用厳禁です。高温も禁物です。熱した鍋やフライパンを置くときは必ず敷物を用意します。値段の安いものはすぐにタバコの焼け焦げや擦りキズなどがつきます。コーリアンは有孔性ではありませんから心配は要りませんが、その他のものは強い化学溶液がかかるとシミが消えなくなるおそれがあります。

索引

あ

アーツ・アンド・クラフト運動　9-10,123
アールヌーボ　123
アアルト,アルヴァ　18,22,31,121
亜鉛　105,111
亜鉛メッキしたスチール　104,110
アカスギ　27,39
アクリル　167,172
足場板　28-9
『新しい建築を目指して』（ル・コルビュジエ著）　11
アフロモシア　31
網入り板ガラス　77,92
アメリカンウォルナット　27
アルテックス　153
アルミニウム　104-5,110,114
　ブラインド　113
アレルギー症　177
合わせガラス　78,92
安藤忠雄　148
アンヌビク,フランソワ　147
イームズ,チャールズ＆レイ　11,100
イケア　31
石　46-51
　アンティークな　58-9
　階段　51,63
　角の取れた　59
　環境問題　13,69
　壁　64,69
　強化ガラス　77-8
　仕上　59
　種類　52-7
　洗面化粧台　67
　タイル59
　棚　66
　手入れと維持管理　68-9
　バスと洗面器　68-9
　フローリング　60-3,69
　モールディング　69
　炉縁　66,69
椅子
　カウンター　59,66-7,69
　金属製の　113-4
　プラスチック製の　172,185
板岩　49,55,59
板ガラス　76
板目の木材　24
イリノイ工科大学　100
色ガラス　80,85
イロコ　27,31
イングリッシュ・ハウス(ヘルマン・ムテージウス)　10
インシエンソ　28
インターナショナル・スタイル　147
ウールワース・ビル,ニューヨーク　100
ウィーン工房　10
ウェンジ　28
ヴォイジー,チャールズ　10
ウォルトン,フレデリック　177
浮き床　35
ウッソン,ヨーン　148
ウルフ,エルジー・ド　42
釉薬を塗ったテラコッタ・タイル　126,141

エイブラハム,ダービー　97-8
エステティック運動　123
エッチングガラス　80-1,85
絵の額縁
　石　67
　金属製　113
　タイル　140
FSC（森林管理協議会）　31
エポキシ樹脂　173
MDF（中質繊維板）　30
エラストマー　172
エリザベス1世　18-19
エルサレム・ライムストーン　57
エンパイア・ステート・ビル,ニューヨーク　100
オーク材　18-20,21,27
　薬液処理した　42
お風呂,日本の　41
織物,金属の　114

か

カーテンをする,革の　185
カーンストーン　56
階段
　石　51,63
　ガラス　92
　金属製　109,110-11
　木　35-6
カウンター　調理作業台参照
カエデ材　27
鏡　81
鏡の間,ベルサイユ　81
家具,金属製の　113-15
隠し釘打ち　35
カステリオーネ,アッキーレ　11
火成岩　52
カバ材　26
壁　「壁を張る」の項参照
壁を張る
　石　64,6
　革　183
　金属　111-12
　木　37-40
　コンクリート　161
　竹　26
　ラミネート　183-5
　リノリウム　183-5
　レンガ　139
ガラス　70-4,82-4
　安全性と防犯対策　77-8,84,92
　温室効果　78
　階段　92
　キッチン・ユニット　90
　種類　76-81
　照明器具　90
　棚　90,92
　手入れと維持管理　92
　と金属　107-8
　パーティション　88-9
　バスと洗面器　91
　パネル　89
　フローリング　86-7,92
　ブロック,レンガ　81,88-9
ガラスの家,パリ　74
ガラス・ユニット　78
カリ　28
革　171,176
　壁の被覆　183

調度品　185
　フローリング　176,179,182-3,187
皮を剥いたマツ材　22
環境問題
　石　13,69
　木　13,18-19,31
　プラスティック　11,13,168,172
木　18-23
　加工　22,29-31
　階段　35-6
　乾燥　26
　環境問題　13,18-19,31
　キッチン・ユニット　40
　再生の　28-9,41
　シーリング　42-3
　種類　24-8
　洗面化粧台　40
　棚　40-1
　天板　37,43
　手入れと維持管理　43
　バスと洗面器　41
　パネルと被覆　37-40
　フローリング　32-5,43
貴金属　102
キッチン・ユニット
　ガラス　90
　木　40
　ステンレス　111,115
木の張り合わせ　31,43
木の虫食い　25,27
ギュスターヴ,エッフェル　100
強化ガラス　77-8
金属　96-101
　階段　109,110-11
　種類　102-5
　デザイン　106-7
　手入れと維持管理　115
　天井板　112
　廃品利用　112-13
　被覆　111-12
　備品と設備　113-14
　フローリング　109-11
　縁　107-9
　炉縁　114
クォーリー・タイル　121,127,135
　手入れと維持管理　140
グッゲンハイム美術館,ニューヨーク　11,144
クライスラー・ビルディング,ニューヨーク　100
グラス・ハウス(フィリップ・ジョンソン)　74
グラスファイバー　173
クリ材　27
クリスタル・パレス,ロンドン　9,99
クルイン　31
クルミ材　27
グロピウス,ワルター　74,100
化粧室
　石の　68-9
　ガラスの　91
　木の　41
玄武岩　52
コーリアン　174,187
コールブルックデール　97-9
鋼（スチール）　97,99-100,103-

4、ステンレスの項も参照
硬材　21,25
硬質ガラス　77-8,92
合成ゴム　176
高耐圧レンガ　125
合板　21,31,34,41,43
合板のフローリング　34
黒檀　27
木口　24
ゴシック・リバイバル　119-20,130
古色を帯びた石　58-9
コッツウォルド・ストーン　56-7
木の節目　25
ゴム
　合成　176
　フローリング　179,182,187
コルク　29-30,43
コルテン鋼（耐候性鋼材）　104
コルビュジエ,ル　11,96,147
コレー,ハンス　114
コロンボ,ジョー　168
コンクリート　11,144-8
　壁　161
　種類と仕上　150-1
　手入れと維持管理　163
　パネル　161
　被覆　161
　ブリーズ・ブロック　151,162
　フローリング　154-7

さ

サーモセット　172,173
サーモプラスチック　172-3
サーリネン,エーロ　11,14
砂岩　52,57,69
サクラ材　27
実はぎ板張り　37-8,39
さび　102,115
サベリ材　31
サントジュヌヴィエーヴ図書館,パリ　99,147
サンドブラスト加工したガラス　80-1
サン・ラザール駅,パリ　99
山林伐採　13,18-21,31
シーリング加工,木の　43
シーリングパネル,金属製の　112
ジェキル,ガートルード　10
敷石　53,59
敷石レンガ　125,141
磁器質タイル　123,127-9,135
　の手入れと維持管理　141
自然石　10,49
　仕上　159-61
　種類　152-3
　棚　162
　手入れと維持管理　162-3
　モールディング　161-2
シドニー・オペラハウス　144,148
ジャトバ　28
ジャラ　28
シャロー,ピエール　74
自由の女神　100
省エネ（Low-E）ガラス　78
照明備品,ガラスの　90-1
ジョンソン,フィリップ　74
シンク,合成素材の　183、洗面

器の項も参照
人工芝 185
心材 24
真鍮 105,115
森林管理協議会（FSC） 31
スカジオラ 153
スギ材 41
スクピラ 28
錫 105
錫釉薬をかけた陶器 121
スタッコ 148
スタルク，フィリップ 13,170,172
スティックリー，グスタフ 10
ステンドグラス 80,85
ステンレス 104
　調理作業台 111-12,115
スマルチ 130
すりガラス 80-1,85
青銅（ブロンズ） 105
セイナッツァロの役場，フィンランド 121
石灰液塗装の木材 42
石灰岩 47-9
喘息患者 177
銑鉄 102,103
洗面器
　石 68-9
　ガラス 91
　木 41
　合成素材 183
洗面化粧台
　石 67
　木 40
象嵌タイル 123,130,141
装飾ガラス 79-80
素材本来の美しさ 6-13

た
耐候性鋼材（コルテン鋼） 104
堆積岩 52
大理石 49,52,54
タイル 121-3,132
　カウンター 139-40
　壁 137-9
　狭い場所に張る 140
　手入れと維持管理 140-1
　フローリング 135-6
竹 9,26
棚
　石 66
　ガラス 90,92
　木 40-1
　プラスター 162
玉石 10
玉石のモザイク 58
炭素鋼 104
チーク材 21,27,31
チップボード 22,30
着色ガラス 78
鋳鉄 99,102
超高層ビル 99,100
テーブル天板
　石 67
　再生木材 41
　タイル 140
TWAターミナル，ジョン・F・ケネディー国際空港 11,148
低合金鋼 104
デイ，ロビン 172,185

デザイン，素材を活かす 6-15
鉄 97,102-3
デッキ 34
鉄橋，コールブルックデール 99
手作りレンガ 124
テッセラ 130
テフロン（PTFE） 173
テラコッタ・タイル 121,126,135-6
　手入れと維持管理 140-1
テラゾ 149,150,152,157-9
　手入れと維持管理 163
デルフト陶器タイル 121-2
天板
　石 59,66-7,69
　木 37,43
　合成素材 183,187
　ステンレス製 111,115
　タイル 139-40
軟磨した石 59
天窓 85
銅 105
籐 9
トネリコ材 19-20,26
トラバーチン 59,69

な
ナイロン 167,173
波形鉄板 111-12
軟材 21-2,25
軟石 10,49
日本のお風呂 41
尿素ホルムアルデヒド 173
ニレ材 27
熱線反射ガラス 78
熱帯産木材 28
粘板岩（スレート） 52,55
　階段 51,63
ノッティー・パイン 27,39

は
パージティング 148
パースペックス 183,185
パーティション，ガラスの 88-9
ハードボード 22,30
バートン，デシマス 99
バーナー仕上げの石 59
パームハウス，キューガーデン 99
ハイテク・スタイル 13,100,112
ハイヒールの婦人靴 43
ハギア・ソフィア大聖堂，イスタンブール 131
パクストン卿，ジョセフ 99
バスストーン 56-7
バスルーム・キャビネット，ガラス製の 90
パドック 28
パネル
　ガラス 89
　木 40
　コンクリート 161
　ラミネート 183
羽目板，木の 37-40
バルセロナ国際博覧会ドイツ館（1929） 74,100
パンガパンガ 28
パントン，ヴァーナー 168

PVC（ポリ塩化ビニル） 167,172
ピアノ，レンゾ 100
卑金属 102
びしゃん仕上 59
ひだ模様 37
ビニル 175,179-81
　手入れと維持管理 186
ひびの入ったタイル 140,141
ピルキントン・ガラス 74
ファンズワース邸 11,74,100
風土的（ヴァナキュラーな）建築 6,10
フォーミカ 174,183
縁
　石 67
　金属 113
　タイル 140
ブナ材 19-20,26,41
プラスター 144,148-9
プラスターボード 153
プラスチック 167-71,178-9
　家具 172,185
　環境問題 11,13,168,172
　種類 172-3
　手入れと維持管理 185-7
ブリーズ・コンクリート・ブロック 150,162
プリントガラス 81
プレートガラス 74,76
フロートガラス 74,76-7
フローリング
　石 59,60-3,69
　ガラス 86-7,92
　革 176,179,182-3,187
　金属 109-11
　木 32-5,43
　ゴム 176,179,182,187
　コルク 30,43
　コンクリート 154-7
　タイル 135-6
　竹 26
　テラゾ 149,150,152,157-9,163
　ビニル 179-81,186
　モザイク 136-7,141
　リノリウム 177,179,181-2,186-7
　レンガ 134-5,141
ブロイヤー，マルセル 114
ブロックボード 29
ベークライト 167,178
ベッセマー，ヘンリー 99-100,103
ベネチアン・ブラインド 113
　アルミニウム製 113
ペリアン，シャルロット 96-7
ベルトイヤ，ハリー 11
ベレ，オーギュスト 147
変成岩 52
ホーム・インシュアランス・ビル，シカゴ 100
舗装材料 125,141
ホフマン，ヨゼフ 10
ポリウレタン 43,73
ポリエステル樹脂（グラスファイバー） 173
ポリエチレン 167
ポリカーボネート 173
ポリ酢酸ビニル 173

ポリシーン 172
ポリスチレン 167,173
　モールディング 161
ポリプロップ・チェア 172,185
ポリプロピレン 167,170,172
ポルトランド・セメント 150
ホルムアルデヒド 173
ポンピドゥー・センター，パリ 100

ま
枕木 28-9,41
柾目の木材 24
マジョリカ・タイル 121
マツ材 27
　皮剥き 22
　石灰液処理 42
マッチ・ボーディング 「実はぎ板張り」の項参照
窓の改築 78,85
窓枠 140
マホガニー 22,27,31
マリン・プライ 31
丸石，モザイク 58
マンステッド・ウッド 10
ミース・ファン・デル・ローエ，ルードヴィッヒ 11,22,74,100,114
御影石 52,53
　階段 63
　調理作業台 59
ミレニアム・ドーム，ロンドン 100
ミントン，ハーバート 130
ムテージウス，ヘルマン 10
ムテンイェ 28
目地の掃除 141
メラミン 173
メルバウ 28
モーザー，コロマン 10
モーム，シリー 42
モールディング（繰形）
　石 69
　プラスター 161-2
　ポリスチレン 161
モエラ 28
モザイク 123
　壁 137
　タイル 130-1,141
　フローリング 136-7,141
　丸石，玉石の 58
モダニズム運動 100,114,147
モネ，クロード 99
モリス，ウィリアム 9,10
モルガン，ウィリアム・ド 123
モンティチェロ，バージニア州 119

や
薬液処理した木材 42
ヤコブセン，アルネ 22
屋根，ガラスの 78,85
ユニテ・ダビテシオン，マルセイユ 147
ヨークストーン 49,57
寄せ木張り 33-4
　再生利用 28,29

ら
ライト，フランク・ロイド 10,11,120,146
落水荘 10,148
ラスキン，ジョン 9
ラチェンズ卿，エドウィン 10,24,124
ラ・トゥーレット修道院，エブルー 147
ラパーチョ 28
ラブルースト，アンリ 147
ラミネートの調理作業台 183,187
ランプシェード，金属製の 113
リチャードソン，H.H 18
リノリウム 171,177,179,181-2
　壁 183-5
　手入れと維持管理 186-7
ル・ランシーの教会 147
ルーフ・ライト 85
レイクショア・ドライブ 100
レイトン・ハウス，ロンドン 123
レサビー，W.R 10
レッド・ハウス（ウィリアム・モリス） 9
レバノン杉 26-7
レンガ 118-21
　種類 124-5
　手入れと維持管理 140
　フローリング 134-5,141
　壁面 139,140
　炉縁 52
　を用いたデザイン 132
錬鉄 102-3
ロールガラス 77
ロイズ・ビル，ロンドン 100
炉縁
　石の 66,69
　金属製の 114
　レンガの 140
ロジャース，リチャード 100
ロビー・ハウス，シカゴ 120
ロンシャン礼拝堂 147
ロンドン・ストック・レンガ 125

わ
『われらが友』（チャールズ・ディケンズ） 9
ワンドゥ 28

索引 **189**

acknowledgements

The publisher has made every effort to trace the copyright holders, architects and designers and apologises in advance for any unintentional omission. They would be pleased to insert the appropriate acknowledgement in any subsequent edition.

1 top Patrick McLeavey/Griffon Joinery; 1 above Ozone Glass Limited; 1 centre Deralam; 1 below Dalsouple; 1 bottom Patrick McLeavey/Pallam Precast; 2 *Marie Claire Maison*/Gilles de Chabaneix/Catherine de Chabaneix; 3 Richard Davies/architect Philip Gumuchdjian; 4 Undine Pröhl/architect Enrique Norten; 5 Undine Pröhl/architect José de Yturbe; 7 Minh & Wass Photography/designer Tyler Hays; 8 Red Cover/Ken Hayden; 10-11 Richard Glover/architect John Pawson; 12 Richard Davies; 14 *Marie Claire Maison*/Gilles de Chabaneix/Catherine de Chabaneix; 15 View/Chris Gascoigne/architect Simon Condor; 16 Christian Sarramon/architect Marc Corbiau; 17 Red Cover/James Merrell; 19 Verne Fotografie/architect Bataille & Ibens; 20-21 *Marie Claire Maison*/Alexandre Bailhache/Catherine Ardouin; 22-23 Michael Moran/architects Moneo Brock; 24 above Alexander van Berge; 24 (1,3,4,5,6) J Crispin & Sons; 24 (2) Patrick McLeavey/Griffon Joinery; 24 (7) Hemisphere/Solid Floors; 25 above Maralyn Roberts Communications/ Mark Wilkinson Furniture; 25 (1-5) J Crispin & Sons; 25 (6) Patrick McLeavey/Griffon Joinery; 25 (7) Hemisphere/Solid Floors; 26 (1,2,3,5,6) J Crispin & Sons; 26 (4) Hemisphere/ Solid Floors; 26 (7) Patrick McLeavey/ Griffon Joinery; 27 above James Harris/architect Ushida Findlay; 27 (1,2,4,5) J Crispin & Sons; 27 (3) Patrick McLeavey/Griffon Joinery; 28 above Victorian Wood Works; 28 (1, 3, 4, 5) Lassco; 28 (2) Paul Ryan/International Interiors/designer Jacqueline Morabito; 28 (6) Victorian Wood Works; 29 above The Interior Archive/Henry Wilson; 29 (1-5) Patrick McLeavey/Griffon Joinery; 30 above www.elizabethwhiting.com/ Friedhelm Thomas; 30 (1-4) Siesta Cork Tile Company; 31 Narratives/Jan Baldwin/architects Melocco & Moore; 32 Paul Ryan/International Interiors/designer Gordon de Vries; 33 James Harris/ architect Ushida Findlay; 34 above left The Interior Archive/Henry Wilson/ architect Voon Yee Wong; 34 above right Richard Davies/architect Spencer Fung; 34 below *Marie Claire Maison*/Antoine Bootz/Billaud/Rozenszstroch; 35 left View/Chris Gascoigne/architects Cogswell Horne; 35 right Richard Glover/architect Arthur Collin; 36 above Richard Glover/designer Jeremy Slater; 36 below Richard Glover/designer Malin Iovino; 37 Paul Ryan/International Interiors/architect Jacob Cronstedt; 38 left Red Cover/Graham Atkins-Hughes; 38 right James Harris/architect Ushida Findlay; 39 above The Interior Archive/ Simon Upton/London Interiors/designer Ou Baholydin; 39 below Paul Ryan/ International Interiors/architect Moneo Brock; 40 above Richard Glover/Reading & West Architects; 40 below Alexander van Berge; 41 above Verne Fotografie; 41 below Richard Glover; 42 left Verne Fotografie/architect Vincent van Duysen; 42 right Alexander van Berge; 43 *Marie Claire Maison* Maison/Antoine Bootz/ Billaud/Rozenszstroch; 44 Richard Glover/architect John Pawson; 45 Red Cover/Winfried Heinze/architect Mark Guard; 46-47 Red Cover/Ken Hayden/architect John Pawson; 48-49 The Interior Archive/Inside/Michel Arnaud; 50-51 The Interior Archive/Henry Wilson/architect John Pawson; 51 Ray Main/Mainstream; 52 above Christian Sarramon; 52 below View/Chris Gascoigne/Alan Power Architects; 53 above Wentworth Communications/ Burlington Slate; 53 (1-7) Kirkstone; 54 above Patrick McLeavey/Fired Earth; 54 (1-5) Patrick McLeavey/Marble Flooring Specialists Limited; 55 above Richard Glover/designer Jeremy Slater; 55 (1-6) Kirkstone; 56 above Kirkstone; 56 (1-8) Kirkstone; 57 left www.elizabethwhiting.com/Andreas von Einsiedel; 57 right Stonell; 58 above *Maison Madame Figaro*/Gilles Trillard; 58 (1) *Maison Madame Figaro*/Gilles Trillard; 58 (2-4) ARC PR/Paris Ceramics; 59 above Patrick McLeavey/Stonell; 59 below Patrick McLeavey/Kirkstone; 60-61 Lanny Provo/designer Dennis Jenkins; 62 Paul Ryan/International Interiors/ architects Barnes & Coy; 62-63James Harris/architect Ushida Findlay; 63 The Interior Archive/Eduardo Munoz/architect Nico Rensch; 64 left Richard Davies/ architect Darren Gayer; 64 right Camera Press/*Sarie Visi*/Ryno/architect Arthur Quinton; 65 above Paul Ryan/ International Interiors/architect Barnes & Coy; 65 below The Interior Archive/ Inside/Michel Arnaud; 66 Deidi von Schaewen; 67 above left Paul Ryan/International Interiors/architect Deborah Berke; 67 above right Narratives/Jan Baldwin; 67 below Verne Fotografie/architect John Pawson; 68 above Richard Davies/architect John Pawson; 68 below left David Spero/ architect Seth Stein; 68 below centre Alexander van Berge; 68 below right The Interior Archive/Henry Wilson/architect John Pawson; 69 Geoff Lung/architect Renato d'Ettorre; 70 Arcaid/Geoff Lung/*Belle*/Stephen Varady Architecture; 71 MooArc/Andy Wilson; 72-73 *Marie Claire Maison*/Alexandre Bailhache/ architect Jacques-Emile Lecarron; 73 *Marie Claire Maison*/Gilles de Chabaneix/Catherine Ardouin; 74-75 Verne Fotografie; 76 above Tim Street-Porter/MAURICE TUCKMAN; 76 below View/Chris Gascoigne/Alan Power Architects; 77 above & centre Arcaid/Richard Bryant/architect Seth Stein; 77 (1-3) Patrick McLeavey/ Macmillan Stained Glass; 78 Paul Ryan/International Interiors/designer Jacqueline Morabito; 79 above Red Cover/Verity Welstead; 79 (1, 3, 6) Patrick McLeavey/Macmillan Stained Glass; 79 (2, 4, 5) Ozone Glass Limited; 80 above Fusion Glass Designs Limited; 80 (1-7) Patrick McLeavey/Macmillan Stained Glass; 81 above Ray Main/ Mainstream; 81 (1-3) ©IPC Syndication; 82 The Interior Archive/Henry Wilson/ architect Ian Chee; 82-83 Richard Davies/architect Darren Gayer ; 84 left The Interior Archive/Henry Wilson/ architect Justin de Silas; 84 right Christian Sarramon/designer Fabienne Villacreces ; 85 left *Marie Claire Maison*/Marie-Pierre Morel/Marie Kalt; 85 right View/Dennis Gilbert/architect Chance de Silva/artist Matt Hale; 86 left View/Chris Gascoigne/Alan Power Architects; 86 right Ray Main/ Mainstream/architect Simon Condor; 87 left Christian Sarramon; 87 right The Interior Archive/Ed Reeve/architects Adjaye & Associates; 88 above Paul Ryan/International Interiors/architect Pierce & Allen; 88 below Houses & Interiors/Verne Fotografie/architects Bataille & Ibens; 89 above Verne Fotografie/architect Geert Clarysse; 89 below Undine Pröhl/architect Jim Jennings; 90 above Ray Main/ Mainstream/C2 Architects; 90 below The Interior Archive/Henry Wilson/architect Ian Chee; 91 above Paul Ryan/ International Interiors/designer Charles Rutherfoord; 91 below left Red Cover/Jake Fitzjones/designer Fulham Kitchens; 91 below right Paul Ryan/International Interiors/architect David Ling; 92 Narratives/Jan Baldwin/ architects Melocco & Moore; 93 View/ Peter Cook/architects The Tugman Partnership; 94 The Interior Archive/ Inside Stock Image Production/Ryno; 95 Geoff Lung/architect Ed Lippmann; 96 Narratives/Jan Baldwin/architect Pierre Lombart; 97 Red Cover/Ken Hayden; 98 Paul Ryan/International Interiors/architect Paul Pasman; 99 Minh & Wass Photography; 101 The Interior Archive/ House & Leisure/architects Godsell Associates, Melbourne; 102 above Arcaid/Richard Bryant/architect John Young; 102 below Red Cover/ Trevor Richards; 103 above www.elizabethwhiting.com/Rodney Hyett; 103 (1, 2) Bragman Flett; 103 (3, 4) Forgetec; 104 above Arcaid/Richard Bryant; 104 (1, 2, 3) Deralam; 104 (4, 5) Bragman Flett; 105 above The Interior Archive/Fritz von der Schulenburg; 105 (1) The Interior Archive/Fritz von der Schulenburg; 105 (2, 3) Deralam; 106-107 View/Dennis Gilbert/architects Child Graddon Lewis; 108 above left Alexander van Berge; 108 above right Undine Pröhl/architects Scogin Elam Bray; 108 below Red Cover/Ken Hayden; 109 Verne Fotografie/architect Jo Crepain 110 above *Marie Claire Maison*/Marie-Pierre Morel/Catherine Ardouin; 110 below Richard Davies/architect Robin Snell; 111 above left Alexander van Berge/ designer Annemoon Geurtsen; 111 above right *Belle*/Andrew Lehmann/ architect Clive Lucas, Stapleton & Partners; 111 centre Paul Ryan/ International Interiors/architect Peter Romaniuk; 111 below David Spero/ architect Seth Stein; 112 above left *Marie Claire Maison*/Gilles de Chabaneix/Daneil Rozensztroch; 112 above centre Christian Sarramon; 112 above right Alexander van Berge; 112 below Paul Ryan/international Interiors/designer Michael Seibert; 113 left Richard Waite/architects Found Associates; 113 right The Interior Archive/Herbert Ypma/architect Deamer Phillips; 114 left The Interior Archive/ Henry Wilson/architect Mark Guard; 114 right Richard Davies/architects Brookes Randall Stacey; 115 Verne Fotografie/ architect C Zapolta; 116 The Interior Archive/Ed Reeve/designer Ou Baholydin; 117 Pavel Stecha/architect Joze Plecnik; 118-119 View/Dennis Gilbert/architect Chance de Silva; 120 The Interior Archive/Edina van der Wyck; 121 *Marie Claire Maison*/Gilles de Chabaneix/ Catherine Ardouin; 122-123 *Marie Claire Maison*/Nicolas Tosi/Catherine Ardouin; 124 left Ray Main/Mainstream; 124 right www.elizabethwhiting.com/Rodney Hyett; 125 (1-15) Ibstock Brick Limited; 126 (1-6) Patrick McLeavey/World's End Tiles; 127 (1-6) Patrick McLeavey/ World's End Tiles; 128 (1-6, 14-16) Patrick McLeavey/Fired Earth; 128 (7-13) Patrick McLeavey/World's End Tiles; 129 above left Christian Sarramon; 129 above right Dominic Crinson Digitile; 129 (1, 2) Patrick McLeavey/Fired Earth; 129 (3, 4) Patrick McLeavey/World's End Tiles; 129 (5, 6) Tantrum; 129 (7-9) Dominic Crinson Digitile; 130 above Collections/Malcolm Crowthers; 130 (1, 2) Patrick McLeavey/Fired Earth; 131 (1-11) Patrick McLeavey/World's End Tiles; 132 Christian Sarramon; 132-133 Richard Davies/architect Andrew Thompson; 134 above left Taverne Fotografie Agency/Hotze Eisma; 134 above right *Marie Claire Maison*/Marie-Pierre Morel/Catherine Ardouin; 134 below Taverne Fotografie Agency/Hotze Eisma; 135 above The Interior Archive/Ed Reeve/designer Ou Baholydin; 135 below *Marie Claire Maison*/Gilles de Chabaneix/Catherine Ardouin; 136 Red Cover/Andreas von Einsiedel; 137 above left Houses & Interiors/Verne Fotografie; 137 above right Richard Davies/architect Spencer Fung; 137 below Undine Pröhl/architect Ettore Sottsass; 138 above left Christian Sarramon; 138 above centre Richard Glover/designer Malin Iovino; 138 above right Red Cover/Verity Welstead; 138 below Verne Fotografie; 139 above left Andreas von Einsiedel/interior designer Sophie Stonor; 139 above right ©IPC Syndication; 139 below Pieter Estersohn; 140 above Ray Main/Mainstream; 140 centre *Marie Claire Ideés*/Gilles de Chabaneix/ Catherine Ardouin; 140 below Ray Main/Mainstream; 141 above Robert Dye Associates/Richard Powers; 141 below Tim Street-Porter/architect Richard Neutra/designer John Solomon; 142 View/Chris Gascoigne/architects John Kerr Associates; 143 Geoff Lung/ architect Ed Lippmann; 144 Paul Ryan/ International Interiors/architects Hariri & Hariri; 144-145 The Interior Archive/ Inside Stock Images Production/*House & Leisure*/Dook; 146 Undine Pröhl/architect Donald Wexler; 148 Paul Ryan/ International Interiors/architect Peter de Bretteville; 149 Mark Seelen/designer Winka Dubbledam; 150 above Red Cover/Winfried Heinze; 150 below www.elizabethwhiting.com/Tim Street-Porter; 151 above Paul Davies Design/IMAI restaurant, Osaka, 1986; 151 (1-2, 4-8, 10) Patrick McLeavey/ Paul Davies Design; 151 (3 & 9) Patrick McLeavey/Pallam Precast; 152 (1-7) Patrick McLeavey/Pallam Precast; 153 above Geoff Lung/architect Dale Jones-Evans; 153 (1) *Marie Claire Maison*/Gilles de Chabaneix/Catherine de Chabaneix; 153 (2) Undine Pröhl/ architect Geary Cunningham; 153 (3) www.elizabethwhiting.com/Tom Leighton; 153 (4) Undine Pröhl/architect Legorreta Arquitecto; 154-155 David Spero/ architect Caruso St John; 156 left Camera Press/Sarie Visi/Ryno; 156 right Adjaye & Associates; 157 Ray Main/ Mainstream/architect Sergison Bates; 158 above Verne Fotografie; 158 below Trevor Mein; 159 left Ray Main/ Mainstream/architects McDowell & Benedetti; 159 right Paul Ryan/ International Interiors/architect Deborah Berke; 160 above Undine Pröhl/architect Geary Cunningham; 160 below left www.elizabethwhiting.com/Tom Leighton; 160 below right www.elizabethwhiting.com/Andreas von Einsiedel; 161 above Undine Pröhl/ architect Legorreta Arquitecto; 161 below Camera Press/*Sarie Visi*; 162 left Christian Sarramon; 162 centre *Eigenhuis & Interieur*/Hotze Eisma; 162 right Verne Fotografie; 163 left Guy Obijn; 163 right Taverne Fotografie Agency/production Frank Visser/Mirjam Bleeker/architect Bernardo Gomez-Pimienta; 164 Ray Main/Mainstream/ Sapcote Lofts; 165 Ray Main/ Mainstream; 166 *Marie Claire Maison*/ Eric Morin/Catherine Ardouin; 167 Dalsouple; 169 *Marie Claire Maison*/ Claude Weber/Prudhome-Bene; 170 Solvi dos Santos; 171 Modus PR/Bill Amberg; 172 Ray Main/Mainstream/ Ozwald Boateng; 173 above Articulate Communications/Harvey Maria; 173 below Guy Obijn; 174 above left Perstorp; 174 above right Sheila Fitzjones Consultancy/Corian; 174 (1, 2) Deralam; 174 (3-5) Sheila Fitzjones Consultancy/Corian; 175 above Sheila Fitzjones Consultancy/Corian; 175 (1-3) Jaymart; 175 (4-8) First Floor; 176 above left Dalsouple; 176 above right Bridge of Weir, Fine Scottish Leather; 176 (1-4) Dalsouple; 176 (5-7) Bridge of Weir, Fine Scottish Leather; 177 above The Interior Archive/Jonathan Pilkington; 177 (1-8) Forbo Nairn; 178 Minh & Wass Photography/architect Pierce & Allen; 178-179 Paul Ryan/International Interiors/architect Pierce & Allen; 180 above Paul Ryan/International Interiors/ designer Nick Dine; 180 below Arcaid/ Richard Bryant/architect Stirling & Gowan; 181 left Ray Main/Mainstream/ designer Malin Iovina; 181 right Ray Main/Mainstream; 182 *Marie Claire Maison*/Marie-Pierre Morel/Catherine Ardouin; 183 above Modus PR/Bill Amberg; 183 below Paul Warchol/ Blackstock Leather; 184 above left Ray Main/Mainstream; 184 above right Ray Main/Mainstream/architect Sergison Bates; 184 below Minh & Wass Photography/designer Patrick Marchand; 185 above left Undine Pröhl/architect Natalye Appel; 185 above right Richard Glover/Mance Design & Architecture; 185 below Guy Obijn; 186 above Arcaid/Richard Bryant/D'Soto Architects; 186 below Guy Obijn; 187 above left Arcaid/Richard Powers; 187 above right Arcaid/Alberto Piovano/architect Mariano Boggia; 187 below Guy Obijn.

Author's acknowledgements

I would like to thank Alison Cathie, Anne Furniss and Mary Evans at Quadrille; Paul Welti and Nadine Bazar; and particularly Hilary Mandleberg for keeping the book on course.

stockists

Stone

Attica
543 Battersea Park Road,
London SW11 3BL
Tel: 020 7738 1234
Limestone, terracotta, mosaic and hand-painted tiles

Capital Marble Design
The Pall Mall Deposit, 124-128
Barlby Road, London W10 6BL
Tel: 020 8968 5340
Washbasins in limestone, marble and granite, flooring and vitrified porcelain

Delabole Slate
Pengelly, Delabole,
Cornwall PL33 9AZ
Tel: 01840 212242
Worldwide supplier of Cornish slate

Kirkstone
128 Walham Green Court, Moore Park Road, London SW6 4DG
Tel: 020 7381 0424
Granite, travertine, limestone, slate, ceramic, glass, mosaic

Limestone Gallery Ltd
Arch 47, South Lambeth Road,
London SW8 1SS
Tel: 020 7735 8555
Limestone floors, fireplaces, basins, baths and other bespoke limestone items

Marble Arch Ltd
431&432 Gordon Business Centre,
Gordon Grove, London SE5 9DU
Tel: 020 7738 7212
Marble, granite, limestone

Marble Flooring Specialists Ltd
Verona House, Filwood Road,
Fishponds, Bristol BS16 3RY
Tel: 0117 9656565
Fax: 0117 9656573
Marble, granite and composite stone

Paris Ceramics
583 Kings Road, London SW6 2EH
Tel: 020 7371 7778
Limestone, antique stone, terracotta, mosaic, ceramic wall tiles

Stone Age Ltd
19 Filmer Road, London SW6 7BU
Tel: 020 7385 7954
Ninety types of limestone and sandstone

Stonell Ltd
521-525 Battersea Park Road,
London SW11 3BN
Tel: 020 7738 9990
A range of natural stone

Stone Productions Ltd
7-9 East Hill, London SW18 2HT
Tel: 020 8871 9257
Marble, granite, slate, limestone

WorldMarble
St James House, Northbridge Road,
Berkhamsted HP4 1EH
Tel: 01442 876500
Marble, sandstone, granite, slate, limestone; worktops, dados, tiles, skirtings, flooring, natural stone tabletops

Brick and tile

Elon Ltd
12 Silver Road, London W12 7SG
Tel: 020 8932 3000
Fax: 020 8932 3001
Cast-iron, acrylic, and ceramic sinks, taps, drain accessories, handmade tiles

Fired Earth
Twyford Mill, Oxford Road,
Adderbury, Oxon OX17 3HP
Tel: 01295 812088
Terracotta and encaustic tiles, slate, marble, limestone and quarry tiles, ceramics, wood for floors etc, bathroom accessories and paints

Ibstock Building Products Ltd
21 Dorset Square,
London NW1 6QE
Tel: 0870 903 4013
A wide range of bricks and brick paviors

The Life Enhancing Tile Company
Unit 3B, Central Trading Estate,
Bath Road, Bristol BS4 3EH
Tel: 0117 977 4600 /
0117 907 7673
Encaustic tiles

The Mosaic Workshop
Unit B, 443-449 Holloway Road,
London N7 6LJ
Tel: 020 7263 2997
Decorative mosaics in ceramic, marble and glass

The Mosaic Studio
54 Darlinghurst Grove,
Leigh-on-Sea, Essex SS9 3LG
Tel/Fax: 01702 712111
Mosaics in glass, stone, slate, ceramics, etc. Commissioned work onl

Natural Tile
150 Church Road, Redfield, Bristol
BS5 9HN England
Tel: 0117 941 3707
Fax: 0117 941 3072
Contemporary tiles in glass, metal, resin, etc. Imported tiles in handmade ceramics, natural stone, tumbled marble and terracotta

Shackerley (Holdings) Group Ltd
PO Box 20, Wigan Road, Euxton,
Chorley, Lancashire PR7 6JJ
Tel: 01257 273114
Fax: 01257 262386
A wide range of ceramic slabs for bathroom and kitchen worksurfaces, glass bricks

Swedecor Ltd
Manchester Street, Hull HU3 4TX
Tel: 01482 32961
Fax: 01482 212988
Ceramic tiles, swimming-pool tiles, bespoke glazing, glass-block systems

Tantrum Design Ltd
14 Fotheringhay,
Peterborough PE8 5HZ
Tel: 01832 226019
Fax: 01832 226262
Contemporary pewter tiles and contemporary furniture using wood and metal; bespoke design service available

World's End Tiles
Silverthorne Road,
London SW8 3HE
Tel: 020 7819 2100
A wide range of ceramic tiles

Synthetics, leather and linoleum

The Amtico Company Ltd
Kingfield Road, Coventry,
Warwickshire CV6 5AA
Tel: 02476 861400
Upmarket vinyl tiles

Armstrong DLW Commercial Floors
Centurion Court, Milton Park,
Abingdon, Oxfordshire OX14 4RY
Tel: 01235 831296
Plain and marbled linoleum; bespoke design service

Bill Amberg Leather Design
10 Chepstow Road,
London W2 5BD
Tel: 020 7727 3560
Leather wall panelling, flooring and upholstery, bags

Bridge of Weir Leather Company
Clydesdale Works, Bridge of Weir,
Renfrewshire PA11 3LF, Scotland
Tel: 01505 612132
Fax: 01505 614964
Leather for upholstery, flooring and automotive use

Dalsouple
PO Box 140, Bridgwater,
Somerset, TA5 1HT
Tel: 01984 667233
Rubber flooring in wide range of colours, textures and patterns

Deralam Laminates Ltd
Units 461/4 Walton Summit,
Bamber Bridge, Preston,
Lancs PR5 8AR
Tel: 01772 315 888
Metal laminates and wall cladding

Dupont Corian
McD Marketing Ltd, Dupont Corian,
Maylands Avenue, Hemel
Hempstead, Hertfordshire HP2 7DP
Tel: 01442 346779
Corian for worktops and counters

Eternit UK Ltd
Whaddon Road, Meldreth,
nr Royston, Hertfordshire SG8 5RL
Tel: 01763 260421
Decorative laminates and cladding

First Floor (Fulham) Ltd
174 Wandsworth Bridge Road,
London SW6 2UQ
Tel: 020 7736 1123
Rubber, linoleum and vinyl tiles

Forbo-Nairn Ltd
PO Box 1, Kirkcaldy, Fife,
Scotland KY1 2SB
Tel: 01592 643777
Marmoleum and vinyl

Formica Ltd
Coast Road, North Shields, Tyne
and Wear NE29 8RE
Tel: 0191 259 3000
Decorative laminates

Harvey Maria Ltd
Trident Business Centre,
89 Bickersteth Road,
London SW17 9SH
Tel: 020 8516 7788
www.harveymaria.co.uk
Photographic designs on PVC-coated cork-based tiles

Jaymart Rubber & Plastics Ltd
Woodlands Trading Estate, Eden
Vale Road, Westbury,
Wiltshire BA13 3QS
Tel: 01373 864926
Wide selection of vinyl and rubber

産調出版の本

ニューナチュラルハウスブック
エコロジー、調和、
健康的な住環境の創造
デヴィット・ピアソン 著

いかにしたら自分の住まいを、幸福を高める聖域に変えることができるか。包括的なハンドブック。
●主な掲載項目：ナチュラルな建築方法の原理／生活空間における基本的要素／住まいの再生をうながすために

本体価格4,940円

現代建築家による階段のデザイン
機能性とともに芸術パワーを引き出す階段
キャサリン・スレッサー 著

『階段』には人の想像力をとらえて離さない不思議な魅力が備わっている。安藤忠雄、ニコラス・グリムショウ、リチャード・ロジャースなど現代最高の建築家によって設計された『階段』の数々を、キャサリン・スレッサーの考察と美しいカラー写真で紹介。

本体価格4,300円

インテリアカラーブック
11,264通りのカラーコーディネーションをシュミレート

天井と床と壁部分がそれぞれめくれて色合わせできる。これは本というより見本帳。画期的な三分割バインダー形式のカラーガイド。実際に欲しい色のペイントが手に入るコード番号付き。

本体価格3,210円

住まいのライティング
シャーン・リーズ 著

インテリアデザイン計画の基礎となる照明。照明のデザインひとつで、玄関、リビング、キッチン、寝室、ガーデンまでも、お金をかけずに雰囲気を一変させることができる。様々なタイプの照明を屋内・外にどう活かすか詳しく説明。すべて美しいカラー写真で紹介。

本体価格3,500円

コンクリートのデザイン
世界の現代建築家の地域的感性
キャサリン・スレッサー 著

国際的に幅広く活躍する安藤忠雄、リカルド・レゴレッタ、アントワン・プレドック、ウィール・アレッツ。4人の建築家の地域的な条件から生じたコンクリートの建築物を、104枚のカラー写真を含む258枚の写真やイラストを満載して紹介する。

本体価格3,100円

カラーで見る世界の木材200種
須藤彰司 著

日本でよく使われる樹種の正確な情報と、正しい表情をカラーで確認、認識できる。画面の写真は実物の3倍となっており、肉眼で見るより木材の組織がよくわかる。

本体価格4,797円

Materials a Directory for Home Design
住宅設計のマテリアル

初版第1刷　2002年9月1日
初版第2刷　2004年1月30日
本体価格　3,900円
発　行　者　平野　陽三
発　行　所　産調出版株式会社
　　　　　　〒169-0074 東京都新宿区北新宿3-14-8
ご　注　文　TEL.03(3366)1748　FAX.03(3366)3503
問　合　せ　TEL.03(3363)9221　FAX.03(3366)3503
　　　　　　http://www.gaiajapan.co.jp

著　者：エリザベス・ウィルハイド
　　　　(Elizabeth Wilhide)

翻訳者：乙須 敏紀（おとす としのり）
　　　　1950年北九州市生まれ。九州大学文学部哲学科卒業。訳書に『自宅のアート』『現代建築家による階段のデザイン』『クールコンストラクション』（産調出版）など。

Copyright SUNCHOH SHUPPAN INC. JAPAN2003
ISBN 4-88282-306-3 C3052
Printed and bound in China

落丁本・乱丁本はお取り替えいたします。
本書を許可なく複製することは、かたくお断わりします。